JEAN RAYMOND 1965

CONTES

DE

SAVINIEN LAPOINTE

PARIS. — IMPRIMÉ CHEZ BONAVENTURE ET DUCESSOIS
55, quai des Augustins.

SAVINIEN LAPOINTE.

CONTES

PRÉCÉDÉS D'UNE LETTRE ADRESSÉE A L'AUTEUR

PAR

P.-J. DE BÉRANGER.

PARIS
ARNAULD DE VRESSE, LIBRAIRE-ÉDITEUR
7, quai des Augustins.

1856

Mon cher Lapointe,

J'ai toujours eu le désir de travailler pour les enfants et n'ai jamais pu réussir. C'est la littérature la plus difficile et Perrault en est resté le roi.

Vous me semblez marcher très-heureusement sur ses traces. Je viens de lire vos contes et j'en suis émerveillé comme le bambin à qui pour la première fois on vient de narrer l'histoire du Petit-Poucet. Je voudrais vous voir grossir ce volume, qui, je l'espère, obtiendra le succès qu'il mérite si bien. On n'a pas été suffisamment juste envers votre dernier volume de vers, où se trouvent pourtant de remarquables morceaux d'une bonne et véritable poésie populaire. Ce que le public redoit à leur auteur, qu'il le solde à celui des contes charmants auxquels je ne fais qu'un reproche, c'est de ne s'être pas produits en plus grand nombre.

J'attends le second volume avec impatience.

Dépêchez-vous! j'ai soixante-treize ans : les enfants de cet âge n'ont pas le temps d'attendre.

Tout à vous,

BÉRANGER.

Août 1853.

LE PETIT DOIGT TERRIBLE

LE PETIT

DOIGT TERRIBLE

I.

Le père Jérôme était assis tranquillement sur un vieil escabeau. Quatre petits garçons l'écoutaient à distance. Après les avoir regardés d'un œil sévère, il les interrogea ainsi. Et d'abord il s'écria, frappant le carreau du pied :

— Y êtes-vous, compère Martinet?

— Oui, maître, répondit une grosse voix qui semblait sortir de dessous terre; oui, maître! nous y sommes.

— C'est bien, répondit le père Jérôme.

Les quatre enfants se regardèrent : ils avaient grand'-peur.

— Petit Jean, dit alors le père Jérôme au plus jeune des quatre, que faisiez-vous la nuit dernière, à minuit?

— Je dormais, papa.

Le père Jérôme aussitôt porta le petit doigt de sa

main gauche à l'oreille : il écoutait attentivement, car ce petit doigt lui parlait tout bas.

— Vous dormiez? fit le père Jérôme en regardant son fils.

— Oui, papa.

— Vous ne dormiez pas.

— Si, papa.

— Mon petit doigt vient de me dire qu'hier, à minuit, vous avez monté au grenier pour y dérober mes pommes de reinette tandis que je dormais; que vous en avez rempli un grand panier; qu'ensuite vous les avez croquées avec les mauvais garnements du pays.

— Non, papa.

— La preuve, fit le père Jérôme, la preuve que mon petit doigt dit la vérité, c'est que j'aperçois encore un pepin de mes belles pommes logé là, entre vos dents, coquin!

Le petit Jean ferma la bouche avec précipitation.

— Il est trop tard, enfant, pour fermer la bouche; mieux vous allait de ne pas l'ouvrir, dit le père Jérôme. Et frappant la terre du pied, il s'écria :

— Y êtes-vous, compère Martinet?

— Oui, maître, nous y sommes, répondit la grosse voix.

— C'est bien? fit le père Jérôme. Puis il passa à l'interrogatoire de Georget, son second fils.

II.

—Et vous, Georget, qu'allez-vous faire au bois, tandis que j'étais à l'ouvrage, gagnant du pain pour vous et vos frères?

Georget répondit :

— Je n'ai pas été au bois, papa !

— Nous allons le savoir, reprit le père Jérôme, portant son petit doigt à son oreille. Puis il s'écria :

— Georget, mon fils, vous avez été au bois.

— Moi, papa?

— Vous y avez déniché des oiseaux ; ce qui est, je vous l'ai déjà dit, une méchante action ; puisque c'est faire à la fois de la peine à la mère des petits, et du mal aux petits de la mère.

— Papa, je n'ai rien déniché.

— C'est-à-dire, reprit le père Jérôme, que mon petit doigt mentirait?

— Ça se peut bien, père.

Le père Jérôme interrogea encore son petit doigt ; puis, se tournant de nouveau vers Georget :

— Vous avez déniché le nid de pinsons qui était sur le pommier de la vigne?

— Oh! non, papa.

— Et le nid de chardonneret qui était sur le prunier de mon jardin?

— Ce n'est pas moi, papa.

— Qui donc? C'est peut-être mon petit doigt?

— Ça se pourrait bien, père.

— Est-ce aussi mon petit doigt qui a mis votre culotte et votre veste en lambeaux? Non. Ce sont les branches du pommier où s'était logé le nid de pinsons et les branches du prunier où s'était logé le nid de chardonnerets. Qu'avez-vous fait de ces malheureux oiseaux? demanda le père Jérôme avec colère.

— Je ne sais pas, papa, répondit le petit Georget tout troublé.

— Je vais vous le dire, moi. Ces pinsons et ces chardonnerets sont morts entre vos mains de faim et de misère. Pour cacher votre mauvaise action, vous les avez donnés à Morfouine, notre chat. Vous avez fait le crime, pour cacher la faute.

Le père Jérôme frappa la terre du pied et s'écria :

— Y êtes-vous, compère Martinet?

— Oui, maître, nous y sommes, répondit la grosse voix.

— C'est bien, fit le père Jérôme. Puis, s'adressant à son troisième fils :

III.

— Joseph, qu'avez-vous fait hier et avant-hier tandis que je travaillais pour gagner votre pain et celui de vos frères?

Joseph répondit :

— J'ai été à l'école, papa.

— Nous allons savoir ça, fit le père Jérôme en portant son petit doigt à son oreille.

— Vous n'avez pas été à l'école, enfant, lui dit le père Jérôme avec colère.

— Si, papa! répondit le petit écolier.

— Vous avez fait l'école buissonnière.

— Non, papa! fit le petit blondin pleurant et se dandinant, espérant, à l'aide de cette petite comédie, donner à ses paroles l'accent de la vérité.

Mais le petit doigt du père Jérôme était inflexible : il dénonça tout sans pitié.

— Enfant, reprit le père Jérôme, vous avez été le long de la grande rivière pour y faire des ricochets.

— Non, papa!

— Vous avez couru au bois cueillir des noisettes et des fraises.

— Non, papa!

— Où sont vos livres?

— Papa... je... les ai laissés à l'école.

— Vous les avez perdus au bord du ru, où vous pêchâtes des écrevisses et des épingales.

Le petit blondin se mit à pousser les hauts cris, se voyant ainsi confondu.

Le père Jérôme frappa la terre du pied et s'écria :

— Y êtes-vous, compère Martinet?

— Oui, maître, nous y sommes, répondit la grosse voix.

— C'est bien, fit le père Jérôme.

Puis il fit signe à son dernier fils d'approcher. C'était un gros garçon au visage rouge, aux cheveux crépus, aux grands yeux noirs et ronds. Il s'approcha de son père avec l'assurance d'un juste. Le père Jérôme cependant tenait son petit doigt à son oreille.

IV.

— Michel, tandis que j'étais occupé à travailler pour gagner du pain pour vos frères et pour vous, vous vous êtes battu avec le fils du meunier?

— Oui, papa! répondit Michel avec résolution.

— Pourquoi cela, s'il vous plaît!

— Parce qu'il avait conseillé à mon frère Jean de vous voler vos pommes.

— C'est tout?

— Non, papa. Parce qu'il conseillait encore à mon

frère Georget de dénicher le nid de pinçons du pommier et le nid de chardonnerets du prunier.

— C'est là tout?

— Parce qu'il conseillait à mon frère Joseph de faire l'école buissonnière.

Il y eut un moment de silence, pendant lequel Michel se disait :

— Le petit doigt de notre père ne sait plus ce qu'il dit ; il s'embrouille.

Cependant le visage du père Jérôme s'était visiblement rembruni.

— Vous vous êtes battu, reprit le père Jérôme rompant le silence, pour avoir tiré l'âne du meunier par les oreilles, colère que vous étiez de ce que le fils de notre meunier ne voulait pas vous laisser monter sur sa bête. Parce que ce brave garçon a eu le courage de défendre son âne contre vos méchancetés.

Le gros garçon demeura interdit.

— C'est vous, continua le père Jérôme, c'est vous et non pas lui, qui avez conseillé à Jean de me voler mes pommes, à Georget de dénicher les pinsons de mon pommier et les chardonnerets de mon prunier. C'est vous qui avez conseillé à Joseph de faire l'école buissonnière.

Le père Jérôme frappa la terre du pied avec tant de colère, que la maison en trembla de la cave au grenier, et s'écria :

— Y êtes-vous, compère Martinet?

— Oui, maître, nous y sommes.

— C'est bien, fit le père Jérôme.

C'était un personnage singulier que ce compère Martinet, avec son grand manteau noir, ses sourcils épais, ses petits yeux ronds, louches et gris ; avec son visage long et jaune, ses mains sèches, ses lèvres pincées et son regard colère.

Le père Jérôme ouvrit une trappe énorme, et prenant ses marmots par l'oreille, il les fit descendre dans le noir souterrain d'où partait la grosse voix, et s'écria :

— Compère Martinet, à vous ces quatre petits coquins !

— Merci, maître ! répondit la grosse voix.

Et la trappe s'abaissa avec bruit, et on entendit comme un sifflement de lanières et de cordes qui frappaient, qui frappaient, et la voix des quatre enfants qui hurlaient, hurlaient, hurlaient.

A ce moment, une jolie petite fille de dix ans entra riante et leste, et courut se jeter dans les bras du père Jérôme, qui l'embrassa avec tendresse. Pourtant il mit encore à son oreille le terrible petit doigt.

V.

— Marie, lui dit-il, que fais-tu chaque matin du déjeuner que je te donne pour aller à l'école ?

— On le mange, père, fit la petite fille en rougissant.

— C'est donc pour ça que tu as si faim quand vient l'heure du dîner ? fit le père Jérôme en souriant.

— Qu'as-tu fait de la tartine de lundi ?

— Mangée, père.

— Et des confitures de mardi ?

— Mangées, père.

— Et des cerises de mercredi ?

— Mangées.

— Et des belles prunes de reine-claude de vendredi ?

— Mangées, père.

— Et du fromage à la crème de samedi?

— Tout cela mangé, mon bon petit père.

— Oui, oui, tout cela mangé, fit le père Jérôme des larmes plein les yeux, mangé non par cette petite bouche si pure, mais bien par la bouche affamée et noire du pauvre petit ramoneur qui passe chaque matin dans le quartier.

Marie baissa les yeux.

Jérôme prit sa petite Marie dans ses bras et lui dit :

— Oui, ma fille, Dieu veut que nous cachions nos bonnes actions pour ne point humilier ceux-là qui en sont l'objet. Mais le bon Dieu nous dit encore de ne pas tout donner à la fois, mais de partager, pour que cela dure plus longtemps. Voilà, voilà le grand bavard, continua-t-il en riant, et lui montrant le petit doigt terrible; le voilà le bavard qui m'a tout raconté...

Ici on entendit les quatre petits garçons qui se lamentaient.

— Père, qu'est-ce que c'est donc que ces cris?

— Ce sont tes frères et le compère Martinet qui les soigne...

Marie se jeta suppliante au cou de son père.

— Non, non, s'écriait le père Jérôme, ce sont des malheureux!

Cependant, sur les prières de Marie, il rappela les quatre garnements et il leur dit :

— Remerciez votre sœur, qui a demandé grâce pour vous.

Puis, embrassant Marie :

— Tu es une bonne fille, tu seras une excellente femme; et comme Dieu bénit au ciel ceux que les pauvres aiment sur terre, tu seras bénie du bon Dieu, ma bonne petite fille!..

Puis, se tournant vers ses fils :

— Il y aura toujours des petits doigts terribles pour dénoncer les mauvaises actions, et des compères Martinet pour les punir!

L'HOMME VERT

L'HOMME VERT

Par un beau jour d'été, deux enfants, le frère et la sœur, jouaient au bord d'une grande rivière et s'y promenaient gaiement. Ils s'étaient fort éloignés de la demeure paternelle. La petite fille en fut alarmée et dit à son frère :

— Mon frère, retournons chez nous, maman nous a défendu d'aller jouer au bord de l'eau.

Le petit garçon répondit :

— Ma sœur, allons encore là-bas, sous les saules, nous reposer un peu dans l'herbe, nous nous en retournerons après. Et, voyant une nacelle amarrée au tronc d'un vieil arbre, il s'écria :

— Oh! le joli bateau, avec ses rames bleues et ses voiles blanches. Ah! ma sœur, si nous avions ce joli bateau!

Les enfants accoururent dans les saules, au bord de

l'eau. A peine y furent-ils assis, qu'un homme leur apparut, se dressant au milieu des herbes et des joncs.

C'était l'homme vert !

Cette apparition leur fit peur, aussi leur premier mouvement fut-il de s'enfuir. Mais l'homme vert les regarda si tendrement, d'un air si bonhomme, que les enfants, rassurés, revinrent au rivage en souriant.

L'homme vert leur dit alors :

— Pourquoi vous enfuir, enfants ? ne craignez rien, je vous aime. Je suis le roi des eaux, j'aime les petits enfants. Venez à moi !

En même temps, il leur tendit les bras. L'eau tombait de sa barbe, de ses cheveux, et ruisselait sur ses bras, sur son corps, comme des lames d'argent et des perles blanches.

Ce spectacle attacha les enfants au rivage. Cependant la petite fille, inquiète, dit à son frère :

— Frère, maman nous a défendu de jouer au bord de l'eau. Rentrons chez nous.

Le petit garçon, qui avait grand plaisir à voir tomber l'eau de la barbe et de la chevelure de l'homme vert, n'entendit pas la voix de sa sœur.

L'homme vert dit aux enfants :

— Venez à moi, et je vous donnerai tous les coquillages bariolés qui sont dans mes sables. En même temps il plongeait et retirait des coquillages plein ses deux mains, les laissant ensuite retomber et aller au fil des eaux.

Les enfants avaient bien envie de ces jolis coquillages, mais ils n'osaient approcher, et la petite sœur ne cessait de répéter :

— Frère, maman nous a défendu de jouer au bord de l'eau. Rentrons chez nous.

L'homme vert leur dit encore, en leur montrant les fleurs blanches et roses qui flottaient à la surface des eaux :

— Venez à moi et je vous donnerai toutes ces fleurs blanches et roses que vous voyez, avec ce roseau flexible qui se courbe sur les flots. Venez à moi, je vous donnerai toutes ces libellules, fleurs vertes, bleues et argentées qui volent dans les airs. En même temps, l'homme vert agitait les herbes, les joncs, les roseaux, et les libellules s'élevèrent, voltigèrent et vinrent se poser dans la barbe et dans les cheveux de l'homme vert. Les enfants en étaient fort réjouis.

Cependant la petite fille dit encore à son frère :

— Mon frère, rentrons chez nous, maman nous a défendu de jouer au bord de l'eau.

Le petit garçon fit quelques pas vers la rive.

L'homme vert leur dit encore :

— Enfants, j'ai là, au milieu des joncs, un joli bateau avec des rames bleues et des voiles blanches ; si vous voulez venir à moi, je vous le donnerai.

Il leur dit encore :

— La chaleur est grande, le soleil darde fort. Vous avez bien chaud, venez à moi, je rafraîchirai votre gai visage, vos mains si blanches et vos pieds si mignons. Cette onde est claire comme le cristal même et son gravier est aussi fin que la poussière.

La petite, tout en pleurs, dit à son frère :

— Allons chez nous, frère, maman nous a défendu de jouer au bord de l'eau.

Le petit garçon s'avança encore un peu pour laver son visage, ses mains et ses pieds.

Alors l'homme vert leur dit d'une voix plus caressante :

— Si vous voulez venir à moi, je vous donnerai tous ces beaux poissons si vifs, qui nagent au fond de la rivière. Tous ces jolis poissons, rouges, bleus, verts et argentés.

Et l'homme vert fit passer sous les yeux des enfants une grande quantité de petits poissons, qui frétillaient, tournoyaient et sautillaient.

Le petit garçon ôta ses souliers, releva son pantalon, et s'avança dans l'eau. Puis il se mit à cueillir les fleurs blanches et roses, il s'avança encore pour prendre les libellules qui fuyaient. Il allongea les mains pour attirer à lui le joli bateau aux rames bleues, aux voiles blanches. Il avança enfin pour prendre les petits poissons qui fuyaient sous les eaux. Alors, l'homme vert agitant les vagues, l'enfant, qui avait de l'eau passé le genou, fit un cri, perdit pied et glissa, glissa sous les ondes.

— Mon frère, rentrons chez nous, maman nous a défendu de jouer au bord de l'eau! lui criait sa sœur tout en larmes.

Le petit garçon reparut un moment à la surface, pour s'écrier :

— Adieu, ma sœur! l'homme vert m'étouffe!..

Et l'enfant disparut une seconde fois sous les flots pour ne plus reparaître.

Un long rire, un rire infernal comme celui des enfers, se mêla aux cris désespérés de la petite sœur, qui vainement implorait du secours sur le rivage tranquille.

Son frère dormait au fond des eaux, la face dans le sable. Il était mort. L'homme vert l'avait étouffé sous les ondes, au bord de la rivière.

LE LUTIN FLAMMÈCHE

LE
LUTIN FLAMMÈCHE

Le lutin Flammèche n'apparaît guère chez nous que dans les longs soirs d'hiver. Quelques savants prétendent, les savants savent tout, que Flammèche est né de l'incendie d'une grande ville. Ce genre de lutin aime à se blottir dans les crevasses des cheminées, ou derrière la plaque de fer scellée au mur de l'âtre. Flammèche n'est guère plus gros que le grillon, il parle toutes les langues, connaît tous les enfants, il a des ailes qui brillent comme des paillettes d'acier. Ses jolis petits yeux bleus flambent sous sa chevelure cendrée comme de fins diamants. Son corps diaphane et léger a la couleur mate de l'argent. Quoiqu'il soit dangereux, Flammèche est fort aimé des petits garçons et des petites filles, parce qu'il les amuse et les fait rire. Cependant il n'est pas méchant, mais il est sage de s'en tenir éloigné si on ne veut pas faire comme le petit Jean qui serait encore, à l'heure qu'il est, le plus bel enfant du monde, s'il n'avait point écouté les conseils étourdis du gentil lutin Flammèche.

Petit-Jean était couché dans sa barcelonnette, sa mère était allée au marché faire les provisions. La pauvre femme croyait son enfant préservé de tout danger parce qu'elle lui avait dit :

— Jean, si tu es bien sage, si tu ne descends pas de ta barcelonnette, si tu ne vas pas autour de la cheminée, je t'apporterai une tarte aux confitures.

Jean le lui promit, et la bonne mère partit en fermant sa porte à double tour.

Elle ne fut pas plutôt au bas de l'escalier qu'une petite voix timide et douce comme celle du grillon, se fit entendre derrière la plaque de fer de la cheminée. C'était la voix du lutin Flammèche qui disait :

— Petit-Jean, dors-tu?

— Non, répondit Petit-Jean au lutin, je ne dors pas.

— Eh bien! viens te chauffer, ajoutait Flammèche; et en même temps il faisait écrouler la bûche que la mère avait couverte de cendres par précaution.

Petit-Jean se tourna dans son lit, jetant un regard de côté sur la bûche qui se rallumait.

— Petit-Jean! lui cria le lutin, prends les grandes pincettes d'acier et viens tisonner ce feu écroulé. Petit-Jean! prends encore la pelle et relève la braise qui est répandue autour de l'âtre.

Petit-Jean répondit :

— J'y vais, ami lutin, attends-moi.

— Je t'attends, répondit Flammèche.

Et Petit-Jean étendit le bras vers une chaise, malheureusement placée à portée de sa main ; la tira à lui jusqu'à temps qu'elle fût tout à fait auprès de la barcelonnette, et descendit tout joyeux dans la chambre.

Le lutin recommença :

— Petit-Jean, prends les papiers qui sont là-bas, sur la table, et jette-les tous au feu.

Petit-Jean courut aux papiers qui étaient sur la table, en prit plein ses bras et les jeta sur la braise. Les papiers flambèrent avec la rapidité de l'éclair en faisant une grande flamme. Ce qui égaya beaucoup le lutin et Petit-Jean ; car on entendit des éclats de rire qui emplissaient la chambre.

— Petit-Jean ! prends le soufflet qui est accroché à un clou dans le coin de la cheminée et souffle sur la braise, s'écria Flammèche.

Petit-Jean fit ce que lui conseillait le lutin, il souffla, et mille étincelles volèrent dans l'âtre en pétillant comme un feu d'artifice, ce qui amusa beaucoup Petit-Jean et Flammèche. Le rire redoubla.

— Lutin Flammèche, dit à son tour Petit-Jean, sors de ta cachette que je te voie. Viens avec moi dans la chambre.

— Non, répondit le lutin, si ta mère me surprenait, elle me battrait.

— Maman n'y est pas, répliqua Petit-Jean, elle est au marché. Viens, ami lutin. Viens vite.

Le lutin vint se poser joyeusement sur la pomme d'un chenet, agita ses ailes avec grâce, et s'écria :

— Me voici !

Petit-Jean se traîna sur les genoux et s'avança à quatre pattes pour regarder Flammèche de plus près.

— Petit-Jean ! lui dit encore Flammèche, voltigeant et sautillant, va dans ce cabinet au fond de la chambre, tire des harts du fagot et jette-les au feu.

Petit-Jean courut dans le cabinet, en rapporta des harts sèches, puis il les jeta dans le foyer. Les harts flambèrent en se tordant comme des couleuvres, ce qui fit rire de nouveau Flammèche et Petit-Jean.

— Petit-Jean ! prends ces allumettes sur la cheminée, et jouons au *petit bonhomme vit encore.*

Petit-Jean fit ce que lui conseillait Flammèche.

— Petit-Jean ! prends ce grand tison dans ta main, et secoue-le fortement pour en faire jaillir des ronds et des rubans de feu.

Petit-Jean prit le tison, et le voilà qui l'agite, tourne son bras, fait des cercles enflammés et des longs rubans de feu. Il allait, venait, courait ainsi à travers la chambre, à la grande satisfaction de son ami lutin. Dans le plus fort du jeu, un morceau de braise se détache du tison et lui tombe sur le pied. La douleur du feu est la plus vive et la plus rapide de toutes les douleurs. Petit-Jean fit un cri, et jeta par la chambre le tison rouge encore. Le tison vola dans la barcelonnette, le feu y prit. Petit-Jean voulut l'éteindre. Sa chemise s'enflamma. Sa mère montait l'escalier. Petit-Jean heurtait à la porte fermée. Le feu le dévorait. Flammèche avait regagné son gîte aux cris que poussait Petit-Jean. La porte de la chambre s'ouvrit. Petit-Jean se roulait sur le carreau.

— Malheureux ! s'écria la pauvre mère, arrachant la chemise en flammes du pauvre petit, malheureux, qu'as-tu fait ?

— Mère ! c'est Flammèche, répondait Jean, c'est Flammèche qui a mis le feu à mon lit, ce n'est pas moi ! Et Jean criait, se tordait dans les bras de sa mère fondant en larmes.

Cependant il en fut quitte pour quelques cloques au

bras et une large cicatrice à la joue, ce qui le défigura pour le reste de ses jours.

Si jamais ce gentil lutin Flammèche se présente à mon foyer, il peut être sûr que je lui tortillerai le cou, que je mettrai le pied dessus, ou bien que je l'étoufferai sous mon large éteignoir !

LE CHIEN LA TACHE

LE
CHIEN LA TACHE

I.

Dans une boutique de la rue de Glatigny, en la Cité, à l'enseigne du *Gagne-Petit*, Jacques travaillait péniblement, pour subvenir aux besoins quotidiens de sa petite famille blonde et rose, encouragé par le doux sourire de Marguerite, sa femme, et l'espoir que l'on a toujours d'être plus heureux l'année prochaine. Jacques était coutelier du roi Louis XI, ce qui ne le faisait guère plus riche pour cela; car Louis XI était tracassier, il marchandait comme aujourd'hui une petite bourgeoise de la rue Saint-Denis; ce qui privait Jacques du bénéfice qu'un pareil titre : *fournisseur de la maison du roi*, promet ordinairement. Louis XI, d'ailleurs, n'avait pas grand goût pour la table. Il aimait mieux acheter une conscience qu'une douzaine de couteaux; et puis, il était si pauvre lui-même, qu'il portait des pourpoints et des hauts-de-chausses rapiécés. Le coutelier Jacques chômait donc à côté de son privilége, comme un avare à côté de son trésor.

Enfin, ce jour où nous parlons, le travail, partant la joie, était revenu dans la boutique de la rue de Glatigny. Le roi, absent depuis quelques mois, était de retour dans sa bonne ville de Paris. Les hôtels se rouvraient à la suite du roi; les fêtes, les soupers; et partout on faisait aiguiser les couteaux. Jacques eut sa part dans cette jubilation universelle. Et Marguerite disait, en voyant les commandes pleuvoir dans l'échoppe :

— Béni soit le bon saint Éloi, qui nous envoie tant d'ouvrage, mon cher homme!

Et Jacques et Marguerite se mirent à danser en rond dans la boutique avec leurs enfants par la main, et tout joyeux d'être de la partie. Un moment après, le front de Jacques s'était un peu rembruni : le coutelier avait calculé.

— Sans doute, disait-il, la besogne nous arrive; mais il serait dommageable pour nous d'avoir recours à un aide : un homme de peine emporterait nos profits. Tout aussi bien, il ne faudrait pas trop compter sur un long travail : ce n'est là qu'une poussée. Si cela continuait, plus tard il serait temps de prendre quelqu'un, mais aujourd'hui il est sage de s'en passer.

— Si encore nous avions Pierrot, notre apprenti! s'écria Marguerite.

— Ah bah! un petit paresseux qui ne voulait rien faire, répondit Jacques, puisqu'il a déserté la boutique; je ne veux plus en entendre parler!

— Je vous aiderai de mon mieux, mon cher homme, avait répondu Marguerite, prenant plus conseil de son courage que de ses bras. Cette femme était d'une faiblesse extrême. Cela se devinait à sa pâleur et à sa taille mignonnette. On voyait bien qu'elle n'était point propre à tirer le soufflet de la forge, ni à tourner la roue. Jacques embrassa Marguerite et lui dit :

—Nous verrons ça ; en attendant, sers-nous la soupe.

Nous étions au mois de juillet, le ciel était beau, mais la chaleur était grande.

II.

— Maman, s'écrièrent les deux enfants du coutelier, laisse-nous aller manger sur la porte, au soleil.

Marguerite consulta Jacques du regard.

— Allez ! allez, répondit le coutelier, le grand air ouvre l'appétit, et le soleil donne de la force aux enfants.

Ils ne se le firent point répéter deux fois, et coururent s'asseoir, la gamelle sur les genoux, sur le pas de la boutique.

— Pour qui donc cette assiette, femme? demanda Jacques.

Cette assiette était de trop en effet. Marguerite soupira.

— J'y suis, dit le coutelier : c'est Pierrot qui te passe par l'esprit.

—Pauvre enfant ! peut-être n'a-t-il pas de quoi manger à l'heure qu'il est!

— Il ne fallait pas qu'il nous quitte ; qui abandonne le travail, abandonne son pain, répondit durement le mari de Marguerite.

— Je ne voudrais pourtant pas qu'il lui arrivât malheur, reprit la bonne mère de famille, en jetant sur les siens un regard attendri.

— Qui songe à cela? répondit le coutelier; l'ai-je renvoyé? J'avais recommandé qu'on ne me parlât jamais de ce méchant garnement, ajouta-t-il, d'un ton qu'il rendait plus sévère qu'il ne voulait le faire paraître.

Marguerite garda le silence, et dit un moment après :

— C'est singulier, Pierrot a disparu de chez nous, le jour même où ce grand homme noir et sec, qui fait tant peur à nos enfants, est venu chercher les énormes ciseaux d'acier que nous lui avons forgés.

— C'est vrai, répondit Jacques, cet homme avait en effet un air singulier.

— Je le soupçonne fort, continua Marguerite, de nous avoir débauché notre apprenti. Ce personnage vit au milieu des bohémiens, et habite la Cour des Miracles, il pourrait bien être sorcier et suppôt du diable, et avoir enlevé l'enfant pour quelque conjuration infernale.

— Bah! reprit le coutelier, cet homme est un pauvre vieux qui a la manie de s'entourer chez lui d'une quantité extraordinaire de chiens, qu'il passe sa vie à tondre, et dont il fait même commerce. Au surplus, c'est trop nous occuper d'un enfant paresseux et ingrat, mangeons.

Pierrot, en effet, était d'une paresse que rien ne pouvait vaincre; ni les bontés de ses maîtres, ni les châtiments, ni le raisonnement. Un soir que Jacques le menaçait d'une juste correction, il s'enfuit de la boutique du coutelier; malheureusement il rencontra l'homme noir qui lui adressa des paroles mielleuses, et l'entraîna dans une grande cour où tous les démons de l'enfer étaient assemblés. Un moment après, un rire infernal accompagnait un chien qui s'enfuyait, une casserole attachée à la queue, battant les maisons et attirant les rires et les pierres des mauvais garnements du quartier.

— Pourtant, avait répondu Marguerite à son mari, il faut que je vous fasse part d'un songe singulier que je fis la nuit dernière. Imaginez-vous, mon cher homme, que j'ai vu en rêve la mère de Pierrot; cette pauvre femme me disait : Mon petit garçon Pierrot vous a quittée; c'est mal, vous qui l'aimez tant. Ça vous fait bien de la peine, chère dame; car vous preniez un grand intérêt à ce pauvre enfant qui n'a plus ni père, ni mère, et qui n'avait que vous sur la terre pour l'aimer. Il est, à l'heure qu'il est, bien durement puni de son ingratitude; mais, madame, vous le savez, tous les enfants sont ingrats. Quand ils sont grands, cela change, ils comprennent mieux, et devinent, par le mal qu'ils souffrent des autres, ce qu'on a souffert pour eux. Alors la reconnaissance leur vient. Espérez; il vous reviendra un jour, le jour où un puissant personnage vous offrira une grosse somme pour un objet que je ne puis vous dire. Mon petit Pierrot vous reviendra deux fois corrigé : de sa paresse et de son ingratitude. Adieu, madame, fit-elle en souriant. Que Dieu préserve vos enfants de l'homme noir qui tond les chiens!

Jacques, qui n'était pas très-superstitieux, se mit à plaisanter le rêve de sa bonne Marguerite, conseillant à sa femme d'aller faire neuvaine à Notre-Dame, ce dont la coutelière était bien capable : l'espérance justifie la foi.

Les enfants, Blanche la fille, et Jacquot le petit garçon, allaient chercher du pain et ce qui l'accompagne, quand un chien déboucha sur la place du parvis Notre-

Dame, et entra précipitamment dans la rue de Glatigny.

La physionomie de cette pauvre bête était triste, inquiète, il était sale, crotté et paraissait harassé de fatigue. Sa langue ardente annonçait qu'il avait grand soif, et l'on devinait que ses flancs, rentrés et collés aux os, battaient dans le vide. Je voudrais bien pouvoir dire, pour la beauté de l'histoire, que ce chien était un beau caniche blanc et à double nez, malheureusement il n'en est rien. C'était tout simplement un montagnard à poil long, roux et dur; à la face hargneuse, plutôt prêt à mordre qu'à caresser. Son œil brillait d'intelligence, sous les deux taches de feu qui flambaient à son arcade sourcilière. Et soit calcul, soit lassitude, il s'étendit sur la terre, au pied d'une masure faisant face à la boutique du coutelier.

Ce chien d'où venait-il? quels chagrins inconnus fuyait-il? de quelles déceptions était-il atteint? de quels sentiments trahis avait-il à se plaindre? Telles sont les questions que se serait faites un observateur à la vue de cet animal si triste et si délaissé.

Blanche et Jacquot revinrent, du pain à la main et l'assiette pleine. A la vue des deux enfants, l'animal se releva rapidement, les jarrets tendus, remuant le nez, la queue, et faisant de l'œil.

La pantomime a son éloquence. La petite Blanche se mit à sourire à l'animal qui leur faisait fête. Enhardi par cet accueil, le montagnard s'approcha des enfants qui mangeaient, et, tout en se tenant à distance, il se mit à hurler d'un accent qui ressemblait assez à une supplique.

— C'est peut-être qu'il a faim, dit la petite Blanche à son frère.

— Tiens, Loup ! s'écria le petit Jacquot, lui jetant un os fort bon à prendre.

Le montagnard se jeta sur l'os et l'avala avec avidité, puis s'assit tranquillement en regardant les enfants, dans l'espérance d'une autre aubaine. Blanche trempa son pain dans la sauce, puis invita l'animal à venir le prendre. L'animal vint et mangea dans la main de la petite fille que cela divertissait beaucoup. Le petit garçon le fit boire dans son verre, puis, à bout de comestibles, on retourna au plat paternel.

— Les enfants ont bon appétit aujourd'hui, dit alors le coutelier remarquant que les assiettes étaient d'une netteté parfaite.

Les enfants ne se vantaient pas, il est vrai, que la langue d'un chien avait passé par là.

Le montagnard attendait le retour de ses petits bienfaiteurs. En les voyant revenir, son œil s'alluma et il se mit à bondir de joie. Cependant il attendait qu'on lui fît signe d'approcher.

— Viens, Loup, viens! **lui cria** la petite Blanche en lui présentant son assiette !

L'animal cette fois vint prendre place au milieu des deux enfants et se mit à table sans façon. Blanche et Jacquot riaient aux éclats, tandis que l'animal dévorait leur dîner d'un air fort réjoui. Tous trois enfin, sur le même banc, à la même assiette, enfants et chien mangeaient au soleil.

III.

Les rires devinrent si bruyants, que le coutelier en voulut connaître la raison. Il ne fut pas peu surpris de voir ce nouveau convive.

— Je comprends, dit-il, en se tournant vers sa femme, je comprends maintenant l'appétit de nos petits gaillards, ils ont un aide. Je n'aime pas les chiens errants, s'écria-t-il avec colère, et je vais ôter à celui-ci l'envie de revenir jamais.

En même temps Jacques allait s'armer d'un fouet. Les enfants prirent Loup dans leurs petits bras et le protégèrent de leur corps contre la mauvaise humeur paternelle. Cependant le coutelier revint armé du fouet. Le chien s'échappa des bras des enfants et alla se coucher aux pieds de Marguerite, comme pour se mettre sous l'abri de sa protection.

— A quoi bon battre ce pauvre animal? dit Marguerite à son mari.

— Je veux ce chien, s'écria la petite Blanche, en se jetant dans les bras de son père.

— N'a-t-il pas son maître? s'écria le coutelier.

— Non, papa, reprit Jacquot, puisqu'il mourait de faim.

La réflexion est bonne, pensa le coutelier.

— Il a l'air d'aimer les enfants, fit Marguerite.

— Je veux ce chien, s'écria de nouveau la petite Blanche.

Enfin, grâce au caprice des enfants, à la bonté de Marguerite et à la faiblesse du père, le montagnard fut admis dans la famille.

— Allons! entre, cria Jacques.

Le chien alors, quittant Marguerite, se mit à courir comme un fou dans la petite boutique du coutelier qu'il emplissait d'aboiements et de joie.

IV.

Le dimanche suivant, on songea qu'il serait bon de s'aller promener un peu hors la ville comme cela se pratique encore chez les populations ouvrières. Marguerite prit ses enfants par la main, Jacques siffla le montagnard et l'on partit pour les champs, non sans penser toutefois à la besogne; car Jacques disait en observant les traits altérés de sa ménagère :

— Décidément il nous faudra un homme de peine, femme, le travail te fatigue. Demain je verrai à m'en pourvoir.

Les enfants et le chien couraient, allaient, venaient et jouaient comme de bons camarades, ce qui divertissait beaucoup le coutelier. En entrant dans la campagne, ils passèrent auprès d'une petite maison tout isolée, basse et triste. Un vieillard, gai confrère de Jacques, travaillait encore. Ce bonhomme était occupé à forger quelques ustensiles; un chien maigre et vieux l'aidait. Cette pauvre bête tournait la roue de son mieux, mais on sentait que l'homme et l'animal étaient au bout de la lutte, et quoique l'homme chantât encore, on devinait qu'ils avaient eu beaucoup de peines dans la vie.

— Assez, mon pauvre ami, dit le vieillard au chien, en retirant un morceau de fer rouge de la forge, assez!

L'animal arrêta la roue le plus promptement que cela lui fut possible; c'est-à-dire que la roue lancée emportait le vieil animal dont les forces manquaient pour l'arrêter d'un seul trait. La petite famille avait passé devant cette masure, où tout n'était que ruines, sans y faire plus d'attention. Mais le montagnard, lui, s'était arrêté. Il regardait avec des yeux flamboyants ce pauvre frère travailleur, sans bouger de place, sans faire un mouvement. Jacques ne voyant pas son chien, s'inquiéta où il était et l'appela. Le chien regarda Jacques, entendit l'appel et ne répondit pas.

— Qu'est-ce qu'il y a donc là-bas qui l'occupe si fort? dit le coutelier. Et il revint sur ses pas. A peine fut-il près de la maisonnette, que le montagnard se précipita chez le vieillard, et jeta sur son maître un regard qui semblait dire :

— Attention !

En même temps le montagnard s'élança dans la roue, lui imprimant un mouvement de rotation extraordinaire. La roue tournait avec une telle rapidité qu'elle semblait immobile et bourdonnait dans l'air comme une nuée de hannetons. La forge se ralluma et flamba tellement qu'on eût dit un foyer de l'enfer. Le vieillard se retourna et fut très-étonné de la vigueur du soufflet que faisait mouvoir le chien, puis, jetant un regard dans la roue, il comprit tout.

— Ah! ah! mon pauvre ami, voici un camarade qui nous apprend que nous ne sommes plus jeunes, dit-il à son chien.

A cette apostrophe du vieux maître, le pauvre ami jeta un regard triste et de côté sur ce vigoureux compagnon.

— Halte! s'écria le vieillard. Le montagnard s'arrêta court, dominant la roue qui devint fixe comme si elle n'eût jamais tourné. Puis il vint se camper fièrement devant Jacques, qui n'en pouvait croire ses yeux, le chien semblait lui dire :

— As-tu compris?

Les yeux du coutelier et ceux de l'animal échangèrent alors un éclair singulier; si bien que Jacques disait en rentrant :

— Va, Marguerite, quoi qu'en disent les gens, les bêtes ont une âme.

V.

Quelques jours après, le montagnard, que le coutelier avait surnommé La Tâche, faisait dans sa boutique l'office d'un homme de peine ; ce pauvre animal travaillait. Bientôt on ne parla plus dans la ville de Paris que de ce chien travailleur. Il n'était bruit que de sa haute intelligence, de son énergie infatigable. Peu d'hommes étaient capables de surpasser La Tâche dans ses fonctions. Aussi c'était chose curieuse de voir la tendresse que Jacques prodiguait à ce bon animal. Ils avaient ensemble des heures entières de conversation sentimentale.

L'homme parlait, le chien mimait ; tous deux se comprenaient et cela finissait ordinairement par des embrassements mutuels, auxquels se mêlaient Blanche et Jacquot. Marguerite était pour La Tâche l'objet d'une affection particulière. Le matin c'étaient des cris de joie pour sa douce maîtresse ; le soir, La Tâche n'aurait pas été au chenil si Marguerite ne lui avait pas donné sa main à lécher. La réputation du bon chien La Tâche s'accrut tellement qu'on en parla à la cour et qu'elle vint à la connaissance du roi Louis XI. Si bien que, par une belle soirée du mois de septembre, deux personnages entraient dans l'échoppe du coutelier, conduits par la rumeur publique.

—Pâques-Dieu ! dit le premier personnage, assez chichement vêtu et dont le pourpoint était rapiécé aux coudes, pâques-Dieu ! maître Jacques, nous avons là un plaisant compagnon, et qui mériterait d'être au service d'un roi.

Le coutelier, qui était penché sur sa meule, leva la tête et suspendit son travail, pour connaître quel était celui qui lui parlait ainsi. Il se trouva que c'était le roi Louis XI lui-même, prince très-redouté. La roue tournait toujours.

— Halte ! s'écria Jacques, et la roue s'arrêta.

— C'est merveille de voir son obéissance, dit le roi, qui appréciait fort cette qualité chez les autres.

Jacques ôta son bonnet et dit au chien :

— La Tâche, il faut saluer le roi, mon garçon.

La Tâche se dressa sur ses pattes de derrière, et fit au roi mille révérences des plus comiques. Ce qui enchanta fort Sa Majesté. Puis il courut chercher un vieil escabeau, qu'il traîna comme il put jusqu'aux pieds de Louis XI, pour l'inviter à s'asseoir sans doute. Puis La Tâche, se dressant sur son derrière, regarda le roi avec un œil profondément interrogateur. Le roi Louis XI, qui n'était pas une bête, comprit que l'animal lui demandait des ordres. Il lui tendit la main, le chien donna la patte, et quoique la gaieté ne soit pas l'humeur ordinaire à sa race, il s'ingéra de mille joyeusetés qui déridèrent le front ordinairement sombre du vieux et triste roi.

— Ne serais-tu pas bien aise d'habiter un palais ? lui demanda Sa Majesté.

A cette question, La Tâche se mit à hurler d'une façon lugubre.

Cette réponse du chien remplit Jacques d'inquiétude, il tâcha même de l'excuser, en disant :

— Pauvre animal ! il sent bien qu'il est indigne de cet honneur, Sire.

— Je te prends à mon service, continua Louis XI.

La Tâche battit en retraite, et fut se réfugier dans la roue qu'il fit tourner à pleine volée.

Ce qui semblait dire :

— J'aime mieux travailler.

— Ce chien-là n'est pas né très-courtisan, maître Jacques, dit Louis XI, observant avec intérêt l'agilité du montagnard. Plaise à Dieu que de pareils animaux notre cour soit remplie. Qu'en pensez-vous, compère? continua le roi, en s'adressant au personnage qui l'accompagnait, et qui jusqu'alors avait gardé le silence.

Cet homme était l'homme noir, aux grands ciseaux tranchants; le tondeur de chiens qui causait tant d'effroi à Marguerite. Il était le vétérinaire de la maison du roi, et chargé de lui fournir des chiens pour la chasse, pour la garde du palais et des prisons d'État.

Les chiens, comme les enfants, ont un instinct admirable pour deviner à première vue les bonnes ou les mauvaises natures. Quand l'homme noir, qui était resté en arrière, se fut avancé, qu'il eut répondu d'une voix sombre :

— Oui, Sire.

La prunelle du montagnard s'alluma, son poil se hérissa, et il se tint comme en arrêt, prêt à se jeter sur l'homme noir.

Celui-ci, loin de s'en effrayer, dit au roi :

— Cet animal doit être de bonne garde, Sire, il me paraît digne de veiller aux portes de Plessis-les-Tours. J'engage Votre Majesté à en faire l'acquisition.

Ce conseil allait parfaitement à Louis XI. Ce roi, ayant fait beaucoup de victimes dans le royaume, avait considérablement d'ennemis; il le savait; il craignait la vengeance, se méfiait de tout ce qui l'entourait, ne croyait à aucun dévouement, à aucun ami, voyait des piéges partout, redoutait jusqu'à son fils, qu'il tenait éloigné de lui et des affaires publiques; un gardien vigilant comme ce montagnard devait le séduire.

La Tâche se mit à tourner autour de l'homme noir avec des hurlements extraordinaires. Blanche et Jacquot tremblaient en écoutant parler l'homme noir; Marguerite ne pouvait détacher ses yeux de ceux de cette face livide. Le coutelier tremblait, comme si le roi allait lui demander le sacrifice d'un de ses enfants.

— Pâques-Dieu! s'écria Louis XI, voilà, par Notre-Dame d'Embrun, un gentil conseil. Puis, se tournant vers Jacques, le roi lui dit :

— Maître Jacques, il faut me vendre cette bête-là.

Le coutelier répondit :

— Si telle est la volonté de Votre Majesté, prenez mon pauvre compagnon, je ne puis m'y opposer; quant à le vendre, jamais!

— Savez-vous, maître Jacques, fit sourdement l'homme noir, que vous parlez au roi Louis XI?

— Je sais, répondit le coutelier, que si Sa Majesté n'est pas meilleure que ses courtisans, je suis un homme perdu. A la volonté du bon Dieu et du roi. Je vous le répète, maître tondeur, jamais je ne vendrai mon ami. En disant cela, le coutelier jetait les yeux sur La Tâche, et vit deux grosses larmes s'échapper des paupières de ce brave animal. Le roi offrit une somme considérable. Le coutelier garda le silence; les enfants se jetèrent au cou du chien, qu'ils étreignaient dans leurs petits bras. La bonne Marguerite fondait en larmes.

Le roi, à qui cette scène commençait à déplaire, fit signe à l'homme noir de s'emparer du montagnard et de lui passer une corde au cou. L'homme noir approcha du chien, qui lui montra une gueule menaçante et admirablement armée. Il recula.

Le roi dont la devise était : Tout se vend, à qui sait payer, tripla la somme.

— Cinq cents francs, maître Jacques, et je fais dorer votre enseigne de *fournisseur du roi*, qui commence à s'effacer, au dessus de votre boutique.

Le montagnard s'échappa des bras des enfants et courut se réfugier dans ceux de la douce Marguerite, qui s'écria à son tour :

— Non, mon pauvre ami, mon bon travailleur, non, tu ne nous quitteras pas, toi qui alléges nos peines et nourris la famille.

— Mille francs! s'écria le roi, les yeux étincelants de colère.

Un autre cri répondit à celui du roi. Le chien avait disparu, et Marguerite, au lieu du montagnard, tenait dans ses bras un jeune garçon, en tablier de serge, et qui souriait sous de beaux cheveux noirs.

—Pierrot! père, c'était Pierrot; crièrent les enfants, en courant au-devant du pauvre apprenti.

Le rêve de la coutelière venait de s'accomplir.

L'HOMME QUI PERD LA MÉMOIRE

L'HOMME

QUI PERD LA MÉMOIRE

I.

Par une matinée de mai 1613, une dame, jeune encore, se dirigeait, suivie de ses deux enfants, vers le petit cimetière du bourg de Harlem. La pâleur de cette dame, ses paupières enflammées, son visage profondément mélancolique, annonçaient une de ces douleurs graves sur lesquelles le temps semble avoir honte de répandre d'inutiles pavots. Ses enfants, dont l'aîné avait à peine quatre ans, l'accompagnaient avec l'insouciance ordinaire à cet âge. Aussi étaient-ils étonnés de voir le château en deuil, les domestiques, leur mère et eux-mêmes, bien qu'une voix désolée leur eût dit un jour, en leur montrant une bière couverte d'un drap funèbre :

— Enfants, vous n'avez plus de père.

Un mois après, ils jouaient comme de coutume.

Serait-ce qu'elles sont horribles les douleurs du

premier âge, que Dieu ne nous ait pas permis d'en garder le souvenir? Peut-être. Toujours est-il que ces enfants avaient oublié celle qui les mettait en deuil.

Comme cette dame arrivait au petit cimetière, quelques passants se demandaient hautement, la curiosité ne respecte ni la pudeur, ni la douleur, quelle était cette dame qui passait si triste et quelle pouvait être la raison de sa tristesse?

— Cette dame qui passe, répondit une vieille mendiante, est la veuve de Jehan Durer, mort il y a trois mois, et ancien **ministre de Sa Majesté l'empereur d'Allemagne.**

II.

Jehan Durer appartenait à la famille d'un pauvre berger. Jehan était un écolier fort studieux, mais qui montrait déjà, même au milieu des jeux, un violent besoin de domination. Il paraissait dévoré d'ambition. Aussi remportait-il tous les prix que l'on gagne à l'école. A quinze ans il était l'admiration de ses maîtres, l'orgueil même. Cependant, Jehan n'était point aimé de ses jeunes camarades. Il laissait voir une vanité repoussante, provocante quelquefois. Il se liait peu, n'était point communicatif, et regardait avec hauteur ses petits compagnons moins heureusement doués. Sa parole était brève, son abord glacial, et la fierté dans laquelle il s'enfermait comme à dessein le rendait inaccessible.

Il vivait seul.

Un soir, le jeune Durer, emporté par ce besoin de solitude et de méditation qui ne le quittait pas, se dirigeait dans la campagne, rêvant sans doute aux grandeurs où son orgueil aspirait, où il ne devait pas espérer atteindre jamais; car son visage était triste, son pas se ralentissait comme le pas d'un voyageur découragé sur une route sans fin, en face d'un horizon qui fuit toujours. Durer s'arrêta dans une vallée nommée la *vallée des Buissons*, à cause des gigantesques aubépiniers qui y fleurissaient. Il alla s'asseoir sous les rameaux hospitaliers, sans entendre au-dessus de sa tête une fauvette qui battait des ailes et chantait à gorge déployée.

Quand l'orage gronde, tout se tait dans la nature. Ainsi était Durer : la voix de l'ambition tuait en lui les harmonies qui chantent ordinairement dans l'âme des jeunes gens.

Durer rêvait donc une illustre fortune. S'élever était son unique mobile. Il n'était guère probable, à moins de circonstances bien rares à rencontrer, que ce rêve pût se réaliser : le fils du pâtre devait avoir des goûts plus analogues à sa naissance, du moins tel était l'avis du monde en ce temps-là. Le jeune homme ne voyait pas un chemin ouvert où il pût mettre le pied : toutes les avenues qui conduisent aux grandeurs étaient encombrées par la fortune, le privilége, la naissance; il ne lui restait enfin, pour dorer ses chimères, que la porte entrebâillée du hasard. Son intelligence était grande, sans contredit; mais avait-il une vocation, une spécialité, un but qui lui donnât une volonté, ou une direction ou point d'appui à cette volonté, qui n'est autre chose que l'énergie dans le temps, l'esprit de suite enfin? Dans les mille sentiers dont est sillonnée la vie, où est celui qui mène à la fortune, à la gloire, à la vertu, à la honte, au crime? Quiconque n'a pas vécu ignore les itinéraires des vices et des passions. Ainsi était Durer ce jour-là; car une chose l'alarmait par-dessus tout : sa pauvreté !

Voilà à quoi avaient abouti vingt années de labeurs et d'économies chez le pâtre de Harlem, pour donner une instruction convenable au petit monsieur.

Jehan était comme perdu dans ses préoccupations prématurées, lorsqu'un petit homme, gros, joufflu, coiffé d'un feutre bas, rond, et vêtu d'un large manteau brun, d'un joli pourpoint jaune, et portant hauts-de-chausses noirs, souliers carrés à larges bouffettes ponceau, l'aborda le sourire à la bouche. Le regard de cet homme, dont la moustache grisonnait déjà, était pénétrant. Ses lèvres épaisses respiraient la bonhomie, et, dans la ligne des sourcils, d'une pureté rare, on pressentait que ce personnage devait avoir des mœurs rigides.

— Je n'aime pas voir la jeunesse triste, s'était dit ce petit homme en examinant Jehan Durer, cela annonce la maladie qu'ont trop de jeunes gens de vouloir être des personnages en venant au monde. Je gagerais ma fortune contre les illusions de celui-ci qu'il est déjà un vieux savant. La peste aussi soit des parents qui jettent leurs fils à la science avant de songer à en faire des hommes ! On délaisse les soins qui font un caractère, on ne songe qu'au développement de l'esprit. La vanité tue la morale.

Tout en devisant ainsi, il approcha de Jehan qu'il interrogea comme un coup de foudre.

— Jeune homme, combien y a-t-il de la terre au soleil?

— Trente-trois millions de lieues, répondit Jehan Durer sans la moindre hésitation.

— Quand je le disais! pensa le petit homme en souriant.

— Combien mettrait-il de temps pour y arriver, le colibri qui ferait une lieue par minute?

— Vingt-huit ans, monsieur, répondit Durer.

— Quand on calcule si bien et si vite, on doit être triste, pensa le petit monsieur.

Puis il continua :

— Quel est le plus grand homme de l'antiquité?

— Alexandre.

— Le plus sage?

— Socrate.

— Le plus orgueilleux?

— Diogène.

— Lequel préférez-vous?

— Alexandre.

— Que pensez-vous du prochain qui oblige son prochain?

— Que le premier a l'avantage sur le second.

Le petit monsieur réfléchit un moment et reprit :

— Que fait votre père, jeune homme?

A cette question si simple, Durer devint rouge et garda le silence. Le petit homme qui était fort perspicace, se dit alors : Ce jeune garçon a honte de nous nommer le pauvre pâtre de Harlem. Mauvais cœur, forte tête, détestable nature. Ce garçon-là ne fera jamais qu'un diplomate. Puis, après une courte réflexion, il se dit : C'est égal...

Le jeune Durer revint à la maison ivre de joie. Il fit ses adieux à son père et à sa mère qui versèrent des larmes en le voyant s'éloigner. Jehan venait de quitter pour jamais la cabane du pâtre. Durer allait à Vienne y finir ses études.

Le petit homme lui avait remis trois bourses pleines d'or, en lui disant :

— Je suis le conseiller Werter, favori de Sa Majesté l'empereur. Votre assiduité à l'étude m'est connue. Travaillez, vous êtes peut-être sur un grand chemin.

Trois ans après, Durer entrait au secrétariat de Sa Majesté. Plus tard il devenait secrétaire intime. Plus tard encore, il recevait une baronnie et un gros majorat, grâce à l'influence occulte du bon conseiller Werter.

Durer, dans sa course dorée, oublia son père, oublia sa mère.

Un jour que le conseiller se rendait à la cour, il rencontra Durer sur les marches du palais et lui dit :

— Monsieur le baron, j'ai fait parvenir hier, en votre nom, dix mille écus au vieux pâtre du bourg de Harlem.

A cette apostrophe, dite d'un ton un peu ironique, le vieux conseiller remarqua que M. le baron avait rougi comme au jour où il lui demanda, dans *la vallée des buissons*, quel était son père.

Ces deux hommes s'examinèrent profondément. Les regards du baron Durer exprimaient une haine implacable ; celui du bon conseiller une amère indignation.

Le soir de cette journée, l'empereur reçut froidement son fidèle, son vieux, son intègre conseiller. Le lendemain il ne fut pas appelé au palais, ni les jours suivants. Une disgrâce venait de le frapper. Cet homme avait nourri un serpent dans son sein. Werter se retira dans une petite habitation qu'il avait aux environs de Harlem.

III.

Quant à Durer, il grandit en dignité. L'empereur, après l'avoir nommé premier ministre, le maria à une noble héritière. En ce temps-là, le vieux pâtre et sa femme moururent. Le village les accompagna en silence à leur demeure dernière. Un petit homme, dont les cheveux étaient tout blancs, suivait le convoi la tête découverte. Quand le prêtre eut jeté sur le cercueil la pelletée de terre qui résonne si tristement, le vieillard murmura :

— Il est de mauvais fils qui oublient dans la fortune les vieux parents qui les ont aimés, maudits soient-ils ! car ils n'entreront jamais dans le royaume de Dieu. Puis il s'agenouilla au bord de la fosse et pria.

Le vieillard qui parlait ainsi était le bon conseiller Werter. Cet homme était rentré dans l'obscurité par dégoût du monde, après avoir distribué aux pauvres le superflu d'une immense fortune. Il était gai, preste, jouissait d'une santé de fer, et remerciait le ciel de ne point lui avoir donné d'enfant, en songeant à la perversité de Jehan Durer.

Plus tard, on vit s'élever un magnifique château sur la cabane du pâtre absent. Ceci se fit comme par enchantement. Vers le milieu de l'été, un beau seigneur, une jeune châtelaine et deux blonds enfants entraient tout joyeux dans le bourg de Harlem, accompagnés des paysans venus à leur rencontre.

Ce beau seigneur était Jehan Durer, premier ministre de S. M. l'empereur d'Allemagne.

Le conseiller Werter fit une perte qui le mit à deux

doigts de sa ruine, et, sans une sœur qui l'aimait, le pauvre vieillard eût été on ne peut plus malheureux. Pourtant un mot de Jehan Durer pouvait ramener son ancien bienfaiteur à la cour, le faire rentrer en grâce, relever sa fortune enfin. Mais non, la vanité n'a pas de cœur; l'orgueil blessé ne pardonne jamais.

IV.

Un jour, il prit fantaisie au nouveau seigneur d'aller visiter les sites où il se plaisait tant à rêver naguère. Mais c'est sans témoins qu'il voulut revoir ces vieux amis qui allaient lui rappeler involontairement peut-être son indigence d'autrefois. Il partit donc sans être accompagné, monté seulement sur un coursier superbe. Après avoir erré longtemps sans émotion, sans surprise, même, pour ce qu'il retrouvait debout, après vingt ans d'absence, il arriva vers la fin du jour dans *la vallée des buissons.* La fauvette y chantait comme en ce temps-là. A la vue de l'aubépinier qui lui rappelait, sans doute, un souvenir pénible, ou qui éveillait un remords dans son âme, il piqua son cheval et voulut passer outre. L'animal souffla des naseaux et refusa d'avancer. Il le piqua de nouveau, l'animal recula en se cabrant.

— Y aurait-il ici quelque reptile? se dit le beau seigneur.

Tout à coup un petit vieillard, enveloppé d'un manteau noir, surgit d'un buisson et s'élança au milieu de la route, se croisa les bras sur la poitrine et s'écria sourdement :

— Seigneur Durer, combien il y a-t-il de distance de la cabane du pâtre au palais des rois?

— Celle qu'il y a de la terre au soleil! répondit l'orgueilleux parvenu.

Alors le vieillard ouvrit son manteau et se montra au ministre comme il s'était montré, il y avait vingt ans, à l'écolier Jehan Durer. Rien n'était changé dans la personne du bon conseiller, si ce n'est que ses cheveux, noirs jadis, étaient de neige en ce moment.

A cette vue, le visage ordinairement pâle de Jehan Durer devint écarlate. C'était la troisième fois qu'il rougissait en face de son digne protecteur. Le vieillard lui cria de nouveau :

— L'écolier de Harlem se souvient-il du conseiller Werter?

— Le ministre a oublié l'écolier, répondit ce dernier avec hauteur.

— De quoi se souvient-il donc, alors? lui demanda le vieillard.

— De rien!.. répondit le beau seigneur, labourant les flancs de son coursier à coups d'éperon et dévorant la route.

En effet, Jehan Durer, le grand ministre, venait de perdre la mémoire à la voix du bon conseiller que son orgueil n'avait pas voulu reconnaître; et, par un renversement inexplicable de la nature humaine, cet homme conserva les désirs effrénés qu'il avait à vingt ans. Le passé s'effaçait de son souvenir. L'enfer commençait pour ce malheureux.

V.

Seul, l'instinct de sa bête, ramena M. le ministre au château. La première personne qu'il rencontra fut la baronne. Il se détourna d'elle.

— Où courez-vous donc ainsi, monsieur le baron? lui dit-elle, voyant que son mari la fuyait, chose dont il avait peu l'habitude, car il aimait sa femme.

— Baron! répondit-il, qu'appelez-vous baron? Je ne suis pas baron, Madame, mais cela viendra peut-être. Espérons-le.

Ces paroles avaient un tel accent que la baronne en fut alarmée. Le baron sortit du château et se mit à courir à toutes jambes. Son pas ne tarda guère à se ralentir. Il penchait la tête et cherchait comme un avare à qui on aurait dérobé un trésor. Depuis ce jour, sa physionomie prit un aspect sombre, son teint devint livide, son œil hagard, et il se plaignait amèrement que le ciel lui eût donné les vêtements du pâtre.

Quelques jours après, un envoyé de l'empereur arriva au château.

— Monsieur le ministre, dit-il au baron.

— Je ne suis pas ministre, répondit Durer avec emportement; mais soyez tranquille, Monsieur, je le serai un jour. Puis il se promenait à grands pas dans les galeries du château, en ajoutant :

— Je le serais déjà, Monsieur, si on ne laissait pas les hommes de forte intelligence, d'aptitude et de volonté dans une misère qui ronge la tête, comme la rouille dévore l'acier. Pourquoi donc, pourquoi les éloigner des hautes fonctions, ces hommes qui n'ont rien, par un préjugé aussi nuisible à l'individu que funeste à l'État?

Puis se tournant vers l'envoyé :

— Dites à votre maître, Monsieur, qu'hier encore j'étais... j'étais... j'étais... Le baron passa la main sur son front comme pour y chercher sans doute le souvenir d'une splendeur qui l'avait ébloui un moment ou qui lui apparaissait. Puis il s'enfuit en répétant :

— Ministre ! je le suis... non... je le fus... non, non, mais je le serai bientôt... Laissez-moi, Monsieur, laissez-moi !..

Sa famille était dans la désolation. Une autre fois on le surprit qui disait à son jardinier :

— Tu fais là, mon garçon, un magnifique travail. Voilà certainement un jardin fort bien dessiné ! Puis promenant ses regards troublés sur le château, il ajouta :

— Cette propriété est riche, élégante, bien située... à qui est-ce cela, Joseph ?

— Monsieur le baron sait bien que ce parc, ces jardins et ce château sont à lui, répondit le jardinier s'appuyant un moment sur sa bêche et se découvrant.

Durer se prit à sourire d'un sourire plein de tristesse.

— A moi ? dit-il, pas encore, mon garçon. Cependant il me semble que j'avais... que j'en avais... Il se passa de nouveau la main sur le front comme pour y saisir la suite d'un souvenir riant qui lui échappait. Puis il murmura :

— Toujours cette cabane des pâtres ! toujours, toujours !

Il se laissa tomber sur un banc de gazon avec un sanglot dans la poitrine. Puis relevant la tête, il aperçut deux jolis blondins qui jouaient dans les allées du parc.

— Les beaux enfants ! soupira-t-il ; comme il doit être heureux, le père de ces petits anges !

Les enfants vinrent se jeter dans les bras du ministre et se mirent à lui faire mille caresses. Durer y répondit en prenant leurs mains mignonnes dans ses mains et passant ses doigts amaigris dans les boucles de leurs cheveux d'or. Et comme ces jolis enfants l'appelaient leur père :

— Que disent-ils? murmura le baron. Ce bonheur d'être appelé père, l'aurai-je jamais! La famille doit être le couronnement de l'existence. Mais il faut qu'elle vienne à la suite de la fortune ou avec elle. Avoir des petits êtres autour de soi, riants et blonds, fruits et fleurs comme ceux-ci, ce serait s'endormir au soir de la vie sur un lit de roses et de verdure.

Puis portant tour à tour un œil qui brillait et s'éteignait sur chacune de ces jolies créatures, il murmura :

— Ces enfants!.... ces enfants!.... ces enfants!..

La suite de sa pensée mourut dans son cœur. Il passa encore la main sur son front, et les enfants surprirent une larme suspendue à la paupière du ministre.

Il en vint bientôt à ne plus reconnaître sa femme qu'il appelait sans cesse; il s'enfonçait dans des lectures sans fin, mais sans fruit; il n'avait plus que la mémoire du désir; la mémoire du travail lui faisait défaut. Il étudiait avec une ardeur extraordinaire. Son ardeur se changea en rage. La fièvre le dévorait. Ses désirs se dressaient nuit et jour devant lui comme des fantômes moqueurs qu'il s'acharnait à poursuivre, et qui lui échappaient en ricanant. Dans cette lutte sans issue, il dépérissait à vue d'œil. Sa fin approchait. Le dernier jour de sa maladie, il eut une hallucination singulière. Il s'élança hors du château, se mit à courir la campagne en s'écriant, à la poursuite d'un fantôme, visible pour lui seul :

— Sire! arrachez-moi à l'obscurité des pâtres! Sire! écoutez-moi, je suis Jehan Durer, j'ai tout appris, tout étudié, tout approfondi. Élevez-moi, Sire! qui sait?

peut-être un jour n'aurez-vous pas un serviteur plus dévoué, plus éclairé que le pauvre Jehan Durer!

L'ombre fuyait, fuyait. Durer courait toujours, suppliant et tendant les bras vers l'ombre fugitive. Dans sa course insensée, il atteignit à *la vallée des buissons*. Là une voix s'éleva qui lui dit :

— Jehan Durer, l'écolier de Harlem, Sa Majesté l'empereur n'aime pas les gens qui manquent de mémoire!

A cet accent, le ministre eut un éclair de souvenir dans lequel il vit, comme on voit la foudre, son passé et son présent s'entre-choquer. Il poussa un cri de damné et tomba mort.

VI.

Trois mois plus tard, quand ses orphelins allaient avec leur mère en deuil visiter le pauvre cimetière de Harlem, ils virent un petit vieillard qui traçait d'une main rapide, à l'aide d'un charbon, des caractères singuliers sur la tombe où reposait leur père. Quand ils furent plus proches du monument funèbre, le vieillard leur montra ces caractères avec un geste terrible. Il avait écrit sur le marbre tumulaire de *Jehan Durer, ancien ministre de Sa Majesté l'empereur d'Allemagne :*

DIEU PUNIT LES INGRATS!

LA FÉE AUX BLÉS

LA
FÉE AUX BLÉS

I.

Il était autrefois un pauvre homme nommé Antoine, le noir charbonnier, et dont le travail suffisait à peine aux besoins de sa famille, alors très-nombreuse. Sa femme Guillaumette, de son côté pourtant, ne s'endormait pas; mais tant d'enfants à soigner faisaient que son travail ne pouvait être d'un gros lucre.

Il fallait donc tout tirer du sac du noir charbonnier, ce qui n'empêchait pas que le pauvre homme ne chantât tant que durait le jour, ainsi que sa bonne Guillaumette et ses frais enfants. On eût dit la maison du bon Dieu, tant il y avait de gaieté sous le toit de ces pauvres gens.

Cependant, par un certain soir du mois de juillet, Antoine revenait au logis un peu triste, le charbon ayant manqué à la fabrique. « Il faudra que la vente chôme; c'est autant de moins pour la huche, pensait-il. Enfin, à la volonté du bon Dieu, qui le veut ainsi, » murmura-t-il encore. Puis il doubla le pas ; le soleil se couchait et la chaleur était grande.

Voilà, comme il longeait la lisière de la forêt, qu'Antoine, le noir charbonnier, entend à quelques pas de lui de petits cris plaintifs, non des cris, mais bien des vagissements. Il approche avec empressement et découvre au pied d'un églantier une petite fille âgée de quelques heures. Elle était étendue sur des coquelicots et des bluets, au milieu d'une couronne de blé. Elle était là comme une alouette dans son nid.

Cette couronne ne laissa pas que de causer une grande surprise au noir charbonnier. On ne savait pas alors dans la province ce que c'était que du blé. Il ne pouvait s'expliquer ces épis jaunes et carrés. « Cette herbe-là ne pousse point dans notre voisinage, se dit-il, d'où peut-elle venir? Quant aux enfants, c'est autre chose : cela pousse partout ; mais, chez nous, les abandonner n'est point la coutume... D'où peut-elle venir celle-là ? »

Tout en devisant de la sorte, il ramassait le nid et l'oiseau et se dirigeait vers sa maison.

Comme il rentrait, l'enfant se mit à crier bien fort. Guillaumette, entendant ces cris, dit à son mari :

— Las ! mon pauvre homme, que nous apportez-vous donc là ?

— Un nid, femme, avec un bel oiseau dont le bon Dieu nous ordonne d'avoir le plus grand soin.

Puis il déposa la petite abandonnée sur les genoux de sa femme.

— Joie du bon Dieu ! mon cher homme, la belle petite fille !.. Où nous avez-vous déniché ça, s'il vous plaît?

Antoine lui fit le récit de sa trouvaille, puis il ajouta :

— Ainsi, femme, ça nous fait une petite de plus.

Guillaumette appela ses enfants, les rassembla et leur dit :

— Enfants, embrassez cette petite sœur que le bon Dieu vous envoie.

Et tous accoururent gaiement embrasser la petite Blanche; c'est ainsi que le noir charbonnier voulut qu'on la nommât en raison de son extrême blancheur. La bonne Guillaumette sevra le dernier né qu'elle nourrissait encore et mit Blanche à sa place. Blanchette but et s'endormit. On la coucha ensuite proprement dans un lit de fougère. Antoine voulut que la jolie couronne de blé fût pendue à la solive du chaume, et défendit expressément qu'on y touchât jamais. Quand les enfants furent endormis, il n'y eut que ces quelques mots échangés entre Antoine et Guillaumette :

— Il faut, lui dit Antoine, que les gens qui ont abandonné cette pauvre innocente créature soient bien mauvais.

— Ou bien malheureux, répondit Guillaumette.

Les affaires n'allèrent ni mieux ni pis dans la maison de ces bonnes gens. Blanchette était traitée à l'égal des autres enfants. Quelques voisins même prétendaient que *la trouvée*, comme ils l'appelaient dans leur langue barbare, était une enfant gâtée ; que Guillaumette avait tort d'être si précautionneuse pour un enfant qui venait on ne sait d'où et sortait on ne sait de qui. Il arrivait même souvent au noir charbonnier de se fâcher tout rouge à l'occasion de ces méchants propos, quand des gens cruels disaient : « Voilà *la trouvée* qui court aux champs. »

Il est très-vrai que la petite Blanchette, en grandissant, laissait apercevoir en elle un amour extraordinaire pour les grandes plaines.

— Voisine, répondait alors le bonhomme, il n'y a pas de *trouvée* chez nous. Ces enfants qui mangent à ma table sont tous mes enfants. Si vous tenez qu'à l'avenir nous vivions en bons voisins, comme par le passé, gardez-vous de ce méchant langage.

Un jour Jacquot, l'aîné de la famille, souffleta deux ou trois garçons de son âge parce qu'ils avaient dit :

— Il ne faut pas jouer avec *la trouvée*.

Une autre fois, Guillaumette rentrait au chaume en essuyant ses larmes, parce que des commères avaient dit :

— Tiens, voilà Guillaumette et *la trouvée, la trouvée* et Guillaumette qui passent.

Ces bonnes gens étaient véritablement persécutés à cause de leur petite Blanche. En ce temps-là, comme encore aujourd'hui dans nos campagnes sauvages, un enfant abandonné de sa mère était une créature maudite. Ces excellentes gens portaient d'autant plus d'affection à la petite Blanchette qu'elle était plus honnie du voisinage.

II.

On a toujours ignoré ce qu'était et quel était le père de Blanche. Quant à sa mère, elle se nommait Cérès et se livrait au grand art de l'agriculture. C'était une femme blonde, haute de taille et d'une beauté extraordinaire, couronnée de bluets, de coquelicots et de blé. Le roi d'un pays lointain, quelque part comme l'Égypte, en devint éperdûment amoureux en ce temps-là; mais

Cérès, qui avait d'excellentes raisons pour ne pas aimer ce prince, le fuyait sans cesse. L'Égyptien ne se décourageait pas; il ne cessait de la poursuivre. A la fin, se voyant rebuté et détesté, sachant que Cérès allait être mère, le roi avait juré que si jamais il rencontrait son rival, il le ferait égorger; qu'ensuite il étoufferait l'enfant sitôt qu'il verrait le jour. Cérès, avertie en secret des intentions du roi, s'enfuit en toute hâte par une belle nuit d'été. Quand l'Égyptien apprit le départ de Cérès, il déchira ses vêtements avec rage, dépêcha des espions partout, sur tous les chemins, et se mit lui-même à la poursuite de la belle fugitive. Cérès était déjà bien loin. Cependant le tyran cruel finit par découvrir la trace de sa victime; déjà il l'atteignait, lorsqu'elle arriva vers la nuit dans une province de la Gaule. Cérès vit un bois; elle y pénétra. Les douleurs de l'enfantement la surprirent : la petite Blanche naquit.

Le tyran approchait toujours!

Cérès mit sa couronne à terre, plaça l'enfant au milieu, et, songeant à la sentence de mort portée par le méchant roi contre l'enfant qu'elle mettrait au monde, elle la couvrit de fleurs, l'embrassa et s'éloigna tout en larmes de la pauvre petite, qu'elle abandonnait ainsi par tendresse maternelle, espérant bien que la Providence veillerait sur elle.

Le tyran approchait, approchait, jurant plus fort que jamais qu'il étoufferait l'enfant et qu'il épouserait la mère. Cérès se traîna par la campagne et sut échapper aux atteintes de l'Égyptien.

Vers le milieu du jour, Cérès rencontra son frère, nommé Coup-de-Soleil, qui lui dit :

— Pourquoi courez-vous ainsi, ma sœur, qui vous presse? Arrêtez-vous un peu, que je vous voie.

Or, Coup-de-Soleil était un terrible personnage ; lorsqu'il ouvrait la bouche, qui était plus large que celle d'un four, il en sortait une chaleur telle que les oiseaux du ciel s'abattaient dans l'herbe. Sa gorge était rouge comme une fournaise ardente, et ses cheveux brûlaient comme des branches de bois mort sur son crâne de fer. Sa langue flambait, ses yeux dardaient.

Cérès se mit à sangloter et répondit :

— Bon frère, je suis très-malheureuse.

Puis elle se mit brièvement à lui raconter ses peines. Alors Coup-de-Soleil lui dit :

— Chère sœur, allez dans la Chaldée.

Quant à l'Égyptien, je le retiendrai un moment ici pour vous donner le temps de fuir ; puis, je lui causerai tant d'embarras chez son peuple, qu'il sera bien forcé de vous laisser en repos pendant quelque temps.

Et s'apercevant que Cérès avait la tête nue, il lui dit encore :

— Chère sœur, qu'avez-vous fait de votre couronne?

— Un berceau pour ma pauvre petite, répondit Cérès en pleurant.

— Eh bien ! ma sœur, dit alors Coup-de-Soleil, ce berceau sera la récompense du pays qui accueillera, nourrira et élèvera la pauvre petite abandonnée.

— Pauvre enfant! soupira Cérès.

— Cette couronne la rendra chère aux habitants de cette contrée, ajouta Coup-de-Soleil; partez, bonne sœur, et gardez-vous bien de revenir trop tôt dans ces campagnes. Du courage et pas d'indiscrétion !

Cérès quitta son frère en fondant en larmes. L'Égyptien avançait, et, comme il gravissait une montagne, il vit la fugitive qui traversait la plaine. Un éclair de joie illumina la face du tyran. Il ordonna donc à ses gens de presser le pas ; et, comme ils entraient dans la plaine, le roi à leur tête, Coup-de-Soleil apparut soudain, criant au roi de s'arrêter. L'Égyptien lui répondit avec hauteur et voulut passer. Coup-de-Soleil, alors, ouvrit sa bouche embrasée, agita sa crinière flamboyante, darda ses prunelles de flammes ; les chevaux s'abattirent, les cavaliers se roulèrent dans la poussière du chemin, ou coururent dans les herbes et sous les buissons. Le roi voulut résister ; il tomba évanoui. Ses gens l'entraînèrent sous un épais feuillage, lui versèrent quelques gouttes d'eau sur les lèvres, ce qui le fit revenir. Coup-de-Soleil le tint en respect jusqu'au soir.

Cérès fuyait toujours.

Le lendemain et les jours suivants, Coup-de-Soleil le retint encore. L'Égyptien, obligé de marcher la nuit sans succès, regagna ses États.

Quand il arriva au palais, Coup-de-Soleil, qui l'avait devancé, avait grillé la moisson d'un bout à l'autre dans les champs de l'Égypte. En vain les habitants, consternés, rappelèrent Cérès ; Cérès ne voulut point revenir. Les Égyptiens, connaissant la cause de leur malheur, coururent en foule crier famine à la porte du palais. Le roi fit chasser par ses gardes cette population affamée. La sédition continua longtemps ainsi, comme Coup-de-Soleil l'avait promis à sa sœur.

Cependant ce prince cruel nourrissait toujours ses projets d'amour et de vengeance.

III.

Quinze ans après, la petite Blanchette était devenue une jolie personne que l'on nommait toujours Blanche dans la famille du noir charbonnier, mais que les paysans entêtés ne cessaient d'appeler *la trouvée*. Cependant, ses longs cheveux d'or, ses grands yeux bleus, sa taille svelte, sa démarche fière et dégagée faisaient tourner bien des regards et remuer bien des langues. Cependant Antoine et Guillaumette remarquèrent que, tout à coup, leur petite Blanche était devenue sérieuse, presque triste. La faiblesse des bonnes gens était telle pour cette enfant, qu'ils n'osèrent point l'interroger. Il paraît qu'un jour, se promenant dans les plaines incultes, un petit nain, nommé Grillon, serait sorti à l'aspect de Blanche de dessous une motte de terre; ce petit nain, vêtu d'une robe d'or et d'azur, aurait raconté à Blanche ce qu'était sa mère, qu'elle la verrait bientôt, et lui aurait révélé qu'elle, Blanche, était une fée qui possédait la puissance de faire croître le blé où bon lui semblerait; lui aurait appris encore le pouvoir occulte attaché à la couronne suspendue à la solive du noir charbonnier, l'aurait engagée d'en user, après lui avoir souhaité bien le bonjour, s'être incliné, et qu'il aurait ensuite disparu en lui recommandant le silence sur tout ceci.

Quoi qu'il en soit, par une matinée d'automne, les pluies étant tombées avec abondance, le sol était fort humecté; Blanche se leva sans rien dire, se gardant bien d'éveiller personne sous le toit du noir charbonnier, prit la couronne, qui depuis quinze ans n'avait pas quitté la solive hospitalière. En détachant cette couronne, Blanche tressaillit et se prit à pleurer; puis, obéissant à une puissance invisible, elle franchit le seuil de la pauvre demeure et courut aux champs qui appartenaient au bon roi Béric.

Elle y entre. Sa physionomie rayonne, ses yeux

bleus s'allument d'un feu étrange, son front porte l'empreinte d'une nature céleste. Sa lèvre sourit en même temps que son regard s'élève vers les cieux. Blanche étend la main qui porte la couronne. Puis elle marche, marche encore, marche toujours, et, miracle du ciel, voilà que de nombreux grains de froment tombent en se détachant de la couronne, et se répandent avec l'abondance d'une source inépuisable. Blanche marchait si vite, les blés tombaient si fort, qu'en moins d'une semaine toutes les terres du roi Béric étaient ensemencées. Le blé germa ; mais les neiges, survenant avec abondance, couvrirent de leur manteau le mystérieux travail de la nature. Quand le souffle du printemps les eut fait fondre, le sol présentait une surface immense de verdure. Jusqu'alors, c'était de l'herbe ; mais quand vinrent les mois de juin et de juillet, ces plaines ondoyantes, ces épis jaunes intriguaient bien des gens.

Le noir charbonnier disait un soir qu'ils étaient seuls :

— Dites donc, notre femme, ne trouvez-vous pas que ces grandes herbes qui poussent si drues dans les terres du roi, ressemblent à la couronne que voici ? car Blanche avait remis la couronne à sa place.

— C'est vrai, répondit Guillaumette, même que l'on y voit aussi mêlées ces fleurs rouges et bleues.

Les bonnes gens gardèrent le silence et devinrent pensifs. Ce qui les étonnait surtout, c'était la joie de Blanche, à l'aspect de cette herbe si haute ; l'animation de son regard, quand elle le promenait sur les plaines verdoyantes ; l'altération de ses traits, quand soufflaient les vents et grondait l'orage. Mais ce qui acheva de porter le comble à leur étonnement, fut cette scène dont ils furent témoins.

IV.

Le roi Béric avait beaucoup d'enfants, et, par un beau jour de juillet, les voilà qui sortent tous du palais comme une troupe d'écoliers, et qui se répandent avec grand bruit dans la campagne. En passant près des blés, ils eurent l'idée d'y entrer ; Dieu sait le dégât qu'ils allaient y faire. Blanche les supplia de ne point entrer dans les blés ; ils se moquèrent d'elle. Blanche se prit à sangloter. Les enfants se disposaient à trépigner dans ce qu'ils appelaient des herbes, lorsque Coup-de-Soleil leur apparut soudainement.

— Enfants, leur cria-t-il, si vous entrez dans ces blés si hauts, je vous rôtirai comme boudins sur gril.

Cette langue qui flamblait, ces yeux qui dardaient leur firent d'abord grand'peur. Cependant, se rassurant, l'aîné répondit :

— Laissez-nous prendre ces nids d'alouettes, les grillons et les cigales qui chantent dans ces herbes.

Coup-de-Soleil leur cria :

— Ne troublez pas la gaieté des champs ! Si vous entrez dans ces blés si hauts, je vous rôtirai comme boudins sur gril.

Une petite fille osa lui dire :

— Laissez-nous cueillir ces fleurs rouges et bleues qui brillent là-bas, au milieu des herbes.

Coup-de-Soleil leur cria :

— Ne profanez pas la parure des champs ! Si vous entrez dans ces blés si hauts, je vous rôtirai comme boudins sur gril.

— Au moins, ajouta un troisième, laissez-nous arracher quelques fétus de ces herbes d'or.

Coup-de-Soleil leur cria, rouge de colère plus que jamais.

— Respect aux dons du Dieu et au travail des pauvres hommes ! Si vous entrez dans ces blés si hauts, je vous rôtirai comme boudins sur gril.

Coup-de-Soleil s'approchant, les enfants effrayés s'enfuirent à toutes jambes, pour raconter l'aventure à leur père.

Et Guillaumette, en rentrant chez elle, disait au noir charbonnier, en proie lui-même à mille pensées diverses :

— Il faut que Blanche soit une sorcière ou une fée; car c'est à son appel que l'homme de feu a protégé ces herbes qu'elle aime tant.

Le noir charbonnier ne répondit pas et se mit à rêver dans un coin de la cheminée.

V.

— Vous êtes bien sûrs de cela, petits? disait le bon roi Béric à ses enfants.

— Oui, papa. Des grandes herbes jaunes couvrent vos champs, et quand nous avons voulu y entrer, une jeune fille que les paysans appellent *trouvée*, et que le charbonnier nomme sa fille, s'est mise devant nous pour nous arrêter. Et comme nous nous moquions d'elle, elle s'est mise à pleurer. Alors un homme de feu est apparu qui nous a fait toutes sortes de menaces, nous disant : Je vous rôtirai comme boudins sur gril, si vous entrez dans ces blés si hauts!

— Comment! s'écria le bon roi Béric, des blés! des blés chez moi! dans mes champs! c'est impossible!

— Toutes vos plaines en sont couvertes, papa, dirent les enfants.

— Couvertes! bonté divine!

— Oui, papa, couvertes d'un bout à l'autre du pays.

— Quoi! la Providence aurait passé dans mon royaume; quoi! je n'ai pas vu ces blés! Oh! goutte maudite, qui depuis six mois me retient dans mon palais sans pouvoir en sortir; quoi! des blés chez moi; quoi! de la farine pour faire de la bouillie aux marmots de mon royaume; quoi! de la farine pour faire des galettes aux enfants sages dans toutes mes provinces; quoi! de la farine pour pétrir du pain aux bons habitants qui peuplent mes États; et j'ignorais tout cela! je veux les voir, je veux les voir!

— Mais, papa, vous ne pouvez sortir, cela vous fera mal de marcher.

— Du blé dans mon royaume! répétait ce bon roi.

Il se disposait à sortir, quand une voix d'une douceur extrême s'écria sur le seuil du palais :

— Asile! asile! Protégez-moi, Sire, protégez-moi!

— C'est la petite du champ!

— C'est la *trouvée!*

— C'est la fille du charbonnier! dirent en chœur les enfants du roi. Le bon roi Béric sentit son cœur ému à l'accent de cette voix si douce. Le regard bleu de la jeune fille, sa longue chevelure blonde, son visage d'une blancheur d'ange lui laissèrent une vive impression. L'intérêt s'empara de tout son être. Il lui tendit les bras.

— Sauvez-moi de ces hommes qui veulent me faire mourir! répéta Blanche, tombant aux genoux du roi et lui montrant des soldats armés de leur glaive, menaçant, malgré la présence du roi Béric, de la frapper.

A cette vue, le bon roi se leva de toute sa taille, qui était très-haute, s'arma d'un cimeterre qui était fort grand, et dit aux soldats étrangers à ses armes :

— Qui vous a permis de pénétrer dans mes États? De quel droit venez-vous troubler la paix de mon royaume et menacer l'existence de mes sujets?

Le plus hardi de la troupe fit la réponse suivante :

— Nous avons ordre de tuer cette fille partout où nous la trouverons.

— Pourquoi cela? répondit le roi.

— Nous l'ignorons, dit le soldat. Nous obéissons. Si vous refusez de nous la livrer, le roi, mon maître, viendra vous la demander à la tête de deux cent mille lances.

A cette insolente menace, le roi chassa ces assassins à coups de cimeterre, et promit à Blanche de la protéger, quoi qu'il arrivât.

Il paraît que le petit nain avait bavardé, et que les soldats avaient été mis ainsi sur les traces de l'enfant.

Un matin on vint annoncer au roi Béric qu'une armée nombreuse s'avançait dans ses États et menaçait de l'envahir. L'Égyptien avait envoyé plusieurs messages pour obtenir qu'on lui livrât Blanche. Les messages étant restés sans réponse, le tyran s'était mis en route pour ravager les États du roi Béric et accomplir sa vengeance. A cette nouvelle, tout le pays fut en armes, selon que l'avait ordonné le roi. Mais, hélas! résistance inutile! Le tyran avait une armée quatre fois plus nombreuse. Le bon roi Béric, malgré son grand courage, devait nécessairement succomber.

Le pays était dans la désolation.

— Que deviendront nos demeures ? disaient les habitants.

— Que deviendront mes blés ? disait Blanche.

Le tyran n'était plus qu'à quelques lieues du pays. Son armée, divisée en quatre grands corps, devait attaquer quatre points du royaume à la fois. Le royaume était perdu ; mais un terrible auxiliaire, en apprenant le courage et la générosité du bon roi des Gaules, était accouru en toute hâte pour combattre l'Égyptien. Cet auxiliaire était Coup-de-Soleil !

— Tyran ! lui cria-t-il, lui barrant le passage ; tyran ! tu n'iras pas plus loin !

L'Égyptien reconnaissant son ennemi d'autrefois, entra dans une grande colère, appela son armée autour de lui, ordonnant à ses soldats d'exterminer ce terrible adversaire à coups de javelot. En ce moment, Coup-de-Soleil planait sur l'armée ; les javelots partirent. En approchant de Coup-de-Soleil, ils prirent feu et retombèrent sur l'armée en charbons ardents. L'armée prit la fuite en hurlant. Coup-de-Soleil souffla sur le visage du tyran, qui tomba foudroyé d'une attaque d'apoplexie. L'armée, sans chef, regagna l'Égypte comme elle put. Coup-de-Soleil venait de délivrer la Gaule.

VI.

Une petite troupe d'hommes et de femmes, conduite par une grande femme blonde, succède à cette armée. A sa voix, des vieux chênes tombaient ; des bras nerveux les équarrissaient ; des meules se taillaient dans d'énormes pierres. D'autres bras fauchaient les blés ;

d'autres liaient des gerbes; d'autres battaient, vannaient. Puis un matin, on entendit les moulins chanter, tandis que mille instruments de labour se forgeaient; on vit des femmes pétrir la pâte, le bois flamber dans de larges fours; puis le pain en sortir. Puis un matin, Blanche, dans un costume éblouissant, un épi de blé à la main, et marchant entre Guillaumette et le noir charbonnier, vint se jeter aux pieds du roi qui la reçut tout en larmes dans ses bras.

— Sire, lui dit l'enfant, voilà quinze ans que ces bonnes gens me prodiguent leur tendresse. Ils vous prient, pour l'amour de vos peuples, d'accepter cet épi qui assure l'abondance dans vos États.

— Qui donc êtes-vous? dit le roi avec étonnement.

La fée aux Blés, répondit Blanche. Et voici ma mère, continua-t-elle, en montrant Cérès que suivait la troupe formée par elle au grand art de l'agriculture.

— Quoi! Cérès! s'écria le roi rayonnant de bonheur.

— Oui, Cérès, répondit la déesse; Cérès qui vous offre le pain de l'abondance pour vous remercier de celui de l'hospitalité.

On fit toutes sortes d'honneurs au pauvre charbonnier.

Et comme la foule, toute en joie, reconduisait avec mille bénédictions Guillaume et Guillaumette dans leur pauvre cabane, tandis que l'on mêlait le nom du charbonnier à celui du roi, le jour devint splendide, les cieux immenses, la terre radieuse. C'était Coup-de-Soleil qui s'élevait dans les airs, répandant sur la cérémonie les flammes les plus pures et les rayons les plus doux.

VER-LUISANT

VER-LUISANT

I.

Comme il aimait les fleurs, le vieux baron Défeuille ! Quel soin il avait d'elles ! Avec quelle passion il les recherchait ! Comme son cœur se serrait d'inquiétude au moindre vent du nord qui passait sur leur tige verdoyante ! Des trésors étaient enfouis dans les serres chaudes du vieux baron. Il y avait tel arbrisseau, laid et rabougri, haut à peine de dix-huit pouces, qui lui avait coûté dix-huit cents francs, cent francs le pouce ! Le vieux baron n'avait de goût que pour les plantes exotiques; il n'estimait que celles qui venaient de loin. On raconte des choses fabuleuses sur les sommes d'argent qu'il dépensa pour acquérir la première bouture de camélia qui vint en France. Le pauvre baron n'en dormait plus. Il se levait la nuit; éveillait son jardinier pour lui faire part de ses inquiétudes touchant la santé languissante ou prospère voilà plus qu'il n'en faut pour justifier l'antipathie du bon Rustique contre Gertrude.

Rustique était donc accouru à l'appel de son maître.

— Eh bien! Rustique, comment vont nos fleurs ce matin? lui dit le baron Défeuille.

— Pas mal, Monseigneur, répondit Rustique. Cependant, le n° 1141 dépérit, son feuillage jaunit et tombe sans se renouveler.

— Pauvre palmier, il est frappé au cœur! s'écria le vieux baron.

— Comme moi, soupira Rustique.

— Cette perte m'afflige, reprit le baron Défeuille à Rustique.

— Toute perte porte en soi son affliction, Monseigneur, répondit le bon serviteur avec tristesse.

— N'aurais-tu pas négligé quelque peu ce pauvre brésilien? ajouta le baron, en enveloppant Rustique d'un regard défiant et scrutateur.

— Pas plus que mon propre fils, répliqua Rustique avec calme. Les arbres et les enfants, Monseigneur, nous quittent malgré nos soins, malgré notre amour pour eux.

Le baron soupira, Rustique essuya une larme.

— Hélas! fit le baron, personne au monde n'est plus à plaindre que moi. Rustique se prit à sourire, d'un sourire à faire pleurer des cailloux.

— Pauvre palmier! fit le baron.

— Pauvre enfant! murmura Rustique.

— Rustique, continua le baron, j'ai l'âme inquiète. Nous vieillissons, mon garçon; que deviendra ma famille de fleurs après moi? Je n'ai pas d'héritier. Je veux leur trouver un père. A cet effet, j'ai fait annoncer à son de trompe : que je prendrais pour héritier l'horticulteur qui aura en sa possession les fleurs les plus rares et les mieux cultivées. La première condition m'assure de ses connaissances, et la seconde de son savoir, ajoutait le baron, appuyant son menton sur une canne à pomme d'or. En conséquence, mon garçon, nous allons voyager par la province. Va seller ma jument pour moi, et Manon pour toi. Nous partirons dans une heure à la découverte du jardinier inconnu que j'ai rêvé toute la nuit.

— Oui, monseigneur, fit le bon Rustique avec joie.

Le pauvre homme nourrissait l'espérance qu'il pourrait bien retrouver son petit André dans ce voyage. Le vieux baron chaussa ses grandes bottes de buffle jaune, s'enveloppa lui et sa jument dans un long manteau de drap bleu. Rustique, de son côté, mit, avec de lourds souliers ferrés, une énorme paire de guêtres de cuir noir, garnies de boucles d'acier du bas en haut, endossa ensuite une grande veste brune par-dessus un beau gilet rouge écarlate. Ainsi accoutrés, tous deux partirent : l'un sur sa vieille jument, l'autre sur sa bourrique.

Le vieux baron tenait le devant ; Rustique suivait. Lorsqu'ils passèrent devant la masure en ruines de la vieille Gertrude, il en sortit un ricanement tel, que les moustaches du vieux baron se dressèrent comme des fils d'archal, que sa vieille jument essaya de prendre le mors aux dents, que le bon Rustique devint blême comme un fromage mou, et que Manon fit une ruade à désarçonner le plus habile écuyer. Les voilà donc chevauchant dans la province.

— Braves gens, disait le baron Défeuille aux villageois qu'il rencontrait, indiquez-moi la demeure du plus habile des jardiniers, et je vous fais riches comme les mines du Pérou.

— Bonnes gens, disait Rustique, à voix basse, n'auriez-vous point rencontré un petit garçon de dix ans, vêtu de toile, gai comme un pinson, frais comme une rose, blond comme un épi? Si vous le connaissez, dites-le moi, et vous serez bénis du bon Dieu.

C'était ainsi qu'ils voyageaient.

II.

La nouvelle que le baron Défeuille prendrait pour héritier le plus habile jardinier du pays, avait déjà fait le tour de la province. On savait que le vieux baron voyageait à cet effet, et toutes les ambitions étaient sens dessus dessous.

En ce temps-là, un pauvre homme habitait une chaumière, laquelle était voisine du château du baron Défeuille; cet homme se nommait Martin l'échenilleur. C'était un rude journalier, grand destructeur d'insectes. Cet homme avait derrière sa maison un jardin, large à peine de quelques mètres. Le voilà remuant, bêchant, semant, plantant son jardin, et dépensant ses économies à l'acquisition de quelques plantes que, dans son ignorance, il estimait sans pareilles. Et, comme il exposait les fleurs du midi au nord, celles du nord au midi, faute de savoir les orienter, toutes mouraient. Un matin, l'échenilleur rentra chez lui le visage à l'envers, en s'écriant :

— Femme, le malheur nous poursuit : hier le soleil a grillé mes fleurs, avant-hier le vent les a couchées à terre; cette nuit les limaces ont dévoré toutes mes plantations. Les feuilles sont percées à jour comme de la dentelle, et les tiges sont coupées à ras du sol comme épis de blé sous faucille. Cette prodigieuse quantité de reptiles est attirée, m'a dit la vieille Gertrude, par un énorme ver luisant qui, depuis quelque temps, habite notre jardin. Sa lumière les guide à travers la nuit sur mes plus jolis arbrisseaux. Cette nuit même, il faut que cet insecte périsse, fit l'échenilleur en élevant la voix avec colère.

Une petite fille, qui était blottie dans l'âtre, se prit à trembler de tous ses membres, en écoutant cette sentence de mort.

— Georgette, cria l'échenilleur, ce soir tu iras mettre le pied sur le ver luisant qui rôde dans mon jardin.

— Oui, père, avait répondu l'enfant, se remettant un peu de sa terreur. Elle avait conçu l'espoir d'éloigner Ver-Luisant qu'elle aimait.

Voici comment cette étrange liaison s'était faite : Par une soirée de juillet, Georgette se promenant dans le jardin de son père, entendit soupirer. Comme elle regardait autour d'elle avec inquiétude, elle aperçut une flamme triste, verdâtre et sombre qui brillait et rampait dans l'obscurité. Les enfants ont l'habitude d'interroger tout ce qui tombe sous leurs regards : poupée, fleurs ou papillon. Georgette interrogea Ver-Luisant.

— Beau Ver-Luisant, pourquoi pleurez-vous ainsi? lui dit la petite fille.

— Hélas! répondit Ver-Luisant, je n'ai pas toujours été ce que vous voyez. Comme vous, j'étais enfant. Je suis bien malheureux : je suis votre petit voisin André.

— Petit voisin André, qui donc vous a changé ainsi?

— Une méchante femme, la vieille Gertrude, qui en veut beaucoup à ma famille. Pourquoi cela? je ne sais ; seulement, j'ai entendu dire qu'humiliée des dédains de mon père, qui lui a toujours refusé les fleurs qu'elle désirait de lui, elle avait juré de s'en venger. Elle était plus furieuse encore du vivant de ma pauvre mère. Un jour que je passais devant sa demeure, elle m'appela ; j'entrai dans sa défiance. A peine eus-je dépassé la porte, qu'elle m'entraîna dans son jardin, prononçant d'étranges paroles, me frappa d'une longue baguette, en s'écriant : « Maudit enfant ! je me venge des dédains de ton père et du bonheur de ta mère. » Je poussai un cri, et je tombai ver luisant. Depuis je vais de jardin en jardin. Hier, j'ai vu l'énorme sabot de l'échenilleur suspendu sur moi ; je me suis cru mort. Je suis condamné à vivre ainsi jusqu'au jour où une petite fille, bonne et sage comme la Vierge Marie, prononcera trois fois de suite le même mot. Lequel, je l'ignore. Cela se trouvera-t-il jamais ?

On comprend maintenant la terreur de la bonne Georgette en entendant la colère de son père. Le soir même de la sentence prononcée par l'échenilleur, elle courut avertir Ver-Luisant qu'il eût à déloger au plus vite. Elle lui fit part aussi de l'ambition de son père.

— Dans trois jours, lui dit-elle, le baron Défeuille sera de retour ; mon père est désolé de la stérilité de son jardin.

Le lendemain, les chenilles conjurées contre Martin avaient dévoré le reste des plantes. L'échenilleur mit fin à ses projets d'ambition : il n'alla plus au jardin.

— Allez tôt par les bois, par les prés, dit Ver-Luisant à Georgette ; arrachez toutes ces plantes maladives de ce jardin, et dès ce soir même remplacez-les par celles que vous aurez recueillies par les bois, par les prés.

Georgette fit ce que lui conseillait Ver-Luisant. Elle travailla avec ardeur, arrangeant son parterre avec un art infini. Une rosée abondante, qui tomba vers le lever de l'aurore, releva soudainement l'éclat un peu obscurci de ses fleurs nouvelles.

Tout le village connaissait les prétentions de l'échenilleur et tout le monde en riait sous cape. Le baron Défeuille arriva. La malignité publique lui indiqua la demeure de Martin. Le baron résolut de terminer par là ses visites infructueuses. Le village s'apprêtait à rire de la mystification du bon seigneur ; le village se trompa. Le baron entra chez l'échenilleur : tout le monde était sur les portes.

III.

— Il paraît, maître Martin, que vous avez un jardin des plus rares, dit le vieux baron en abordant l'échenilleur.

Le pauvre homme, à cette question du baron, perdit contenance ; mais la petite Georgette était là. Après avoir fait une révérence au bon seigneur, elle le conduisit dans le jardin de son père. L'échenilleur faillit tomber à la renverse en voyant les métamorphoses de ses fleurs. Georgette souriait avec confiance.

— Que vois-je ! s'écria le vieux baron émerveillé, et fatigué qu'il était d'avoir vu tant de fleurs ressemblant aux siennes plus ou moins. L'échenilleur se tenait piteusement à l'écart.

— Enfant, comment nomme-t-on cette fleur qui a la forme d'une étoile et la couleur des cieux?

— Bleuet, Monseigneur, répondit Georgette.

— Et celle-là, qui ressemble à une goutte d'or perdue dans l'herbe?

— Bouton-d'or, Monseigneur.

— Et cette autre qui tremble, svelte et rouge, sur sa tige, ainsi qu'une flamme au vent?

— Coquelicot, Monseigneur.

— Et cette petite, mon enfant, qui te ressemble par sa simplicité et sa candeur?

— Marguerite, monsieur le baron.

— Ravissant! ravissant! s'écriait le bon seigneur, allant de la surprise à l'admiration. Il contempla longuement des petites clochettes blanches, bleues et roses, qui grimpaient et traînaient au pied des haies. Il rêva quelque temps en face d'un genêt jaune et vert. Une petite bruyère des forêts qui venait de fleurir, lui arracha des larmes d'attendrissement.

Rustique regardait silencieusement, songeant à autre chose. Il faut, pensait de son côté l'échenilleur, que notre enfant soit une petite fée pour tourner l'esprit de Monseigneur avec ces méchantes herbes qui poussent partout.

— Que de chemin il a fallu faire pour se procurer ces merveilles de la nature! disait le vieux baron; que d'argent elles ont dû coûter! que de soin cela a dû demander! Petite, sous quel climat naissent ces merveilles?

— Sous le ciel de la France, Monseigneur.

— Quelle terre les a produites?

— La terre natale, Monseigneur, celle qui vous a vu naître.

— De quoi vivent-elles?

— De la pluie du ciel.

— Quand et comment les cultive-t-on?

— Le bon Dieu les sème, le temps fait le reste, Monseigneur.

— Quoi! s'écria le bon vieillard ému, ces fleurs seraient les fleurs de la patrie?

— Nous les nommons ainsi, Monseigneur, reprit Georgette.

— J'ai cent ans, belles fleurs, et j'eus jusqu'ici le malheur de vous ignorer. Ah! dit-il, en prenant la petite fille dans ses bras centenaires, enfant, je cherchais un savant, mais vous m'apprenez que j'ai besoin d'un sage. Je vous fais mon héritière!

Georgette s'échappa des bras du bon seigneur et se mit à crier trois fois, pleine de reconnaissance et d'amour :

— Ver-Luisant! je t'aime! je t'aime! je t'aime!

A ce mot magique, un petit cri se fit entendre dans un taillis de seringat.

Un enfant de dix ans en sortit, vêtu de toile, gai comme un pinson, frais comme une rose, blond comme un épi.

— André! mon petit André! fit le bon Rustique en fondant en larmes; la joie faillit l'étouffer. André et Georgette s'embrassèrent comme deux anges.

— Si nous y sommes encore dans dix ans, s'écria le vieux baron en contemplant les deux beaux enfants, je veux danser le menuet à leur noce.

On raconte qu'effectivement Dieu, bénissant toute bonne œuvre, avait voulu que le baron Défeuille accomplît son vœu. Quand le baron sortit de chez l'échenilleur, quelqu'un disait, en revoyant le petit

André, triomphalement assis sur la bourrique que conduisait son père :

— La haine dénature ; mais l'amour transforme.

L'HOMME DES SAULES

L'HOMME DES SAULES

I.

La folle! la folle! criaient les enfants de Saint-Florentin, moitié riants, moitié tremblants, à l'aspect d'une pauvre fille drapée dans un vieux châle bleu, et coiffée de haillons rouges, marchant comme l'héroïne d'une tragédie, sur le chemin des Saules. Les enfants riaient beaucoup de son bizarre accoutrement. Mais le vague de son regard, mais la tristesse de son visage, extrêmement pâle, leur causaient un effroi indéfinissable.

La pauvre fille marchait d'un pas égal, sans rien entendre, sans rien dire. Elle passa près du moulin situé au pied de la petite ville. Le moulin tournait, le meunier chantait; elle n'entendit ni le moulin ni le meunier. Bientôt elle dépassa les nombreux peupliers qui longeaient le canal. S'enfonçant dans les prés, au milieu des ormes qui bruissaient sous le souffle du soir.

— Pauvre fille! murmura un vieux bûcheron qui regagnait péniblement sa demeure, la voilà qui prend, comme toujours, le chemin des Saules. Que Dieu ait pitié de son âme! Rentrez chez vous, enfants! Et l'on ne vit plus, à travers les arbres noirs et tordus, qu'une ombre silencieuse s'effacer de plus en plus, mourir dans l'éloignement, puis disparaître.

En ce temps-là, une pauvre femme vivait dans un faubourg de Saint-Florentin. Restée veuve avec deux filles, elle pourvoyait tant bien que mal à l'existence de sa famille, le battoir aidant : la veuve Grémi était laveuse.

Ces deux filles se nommaient : l'une Mariette, l'autre Rosette. Mariette était la plus jeune des deux sœurs. C'était une créature simple, ne songeant qu'à ranger le ménage, adoucissant autant qu'il lui était possible la tâche pénible de sa mère. C'était une de ces vertus qui naissent et meurent dans l'ombre, après avoir accompli leurs devoirs sans ostentation; ne croyant pas avoir mérité beaucoup dans l'estime du prochain, pour être demeurées sages et bonnes. Mais qu'elle le voulût ou non, Mariette était aimée, vantée, admirée de tout le voisinage. Mariette était une véritable fleur des champs. Bien qu'elle eût dix-huit ans, elle ne soupçonnait pas qu'il pût exister un autre ciel que celui qui se levait, triste ou gai, sur la chaumière de la veuve Grémi.

Rosette n'était pas moins aimée; cependant, les voisins ne pouvaient s'empêcher de remarquer son peu de goût pour les travaux rustiques, son éloignement pour les soins uniformes du ménage. Sa pauvre mère, quelques instances qu'elle fît, n'avait jamais pu la décider à conduire paître la vache. Mettre un peu de bois sous la marmite où cuisaient les pauvres aliments de la famille, était pour cette enfant une peine véritable. Rosette passait de longues heures à regarder se promener les dames dans les allées du château. C'était alors que sa cornette semblait lui peser au front, comme une mauvaise pensée. Elle se prenait à pleurer, et venait s'accroupir dans l'âtre, rêvant de mille choses insensées :

La soie et l'or !...

II.

Un jour, cependant, Jean-Louis, gros garçon du village, son fiancé, bon travailleur et frais luron, par qui plus d'une fille de l'endroit aurait été fière d'être conduite à l'église, lui disait :

— Nous n'avons pas d'ambition, nous voulons avant tout aimer notre femme, et nous pensons qu'un peu de bien de notre côté, si ce n'est pas une preuve suffisante que nous l'aimons, en le lui offrant de tout cœur, cela au moins lui prouvera que nous n'entendons pas qu'elle entre chez nous avec la misère, toujours boudeuse et querelleuse. Voilà pourquoi, Rosette, nous sommes fier d'avoir un peu de bien au soleil.

Rosette rougit.

C'est vrai, dit-elle, vous me rappelez, en effet, que je ne possède pas un pouce de terre au soleil, moi.

Jean voulut lui prendre la main, Rosette se leva.

— Vous nous boudez ! reprit Jean un peu déconcerté, et ne comprenant pas comment une parole du cœur pouvait effaroucher les susceptibilités de l'esprit. Nous ne pensions pas que la parole droite d'un honnête garçon pût vous causer du chagrin. Tenez, Rosette, vous êtes trop fière. Cela nous va mal, à nous autres pauvres diables; il faut laisser cela au monde qui n'a rien de mieux à faire. Et d'ailleurs, chacun sait que vous pouvez sans honte faire marcher sur la même route vos jolis sabots de bois de noyer, de pair avec mes lourds souliers ferrés.

Rosette fit un effort pour dérober sous elle ses jolis sabots de bois de noyer.

— Certainement que votre cotillon de laine bleue rayée vaut bien notre rude sayon de toile grise, continua Jean.

Rosette retomba sur sa chaise avec la rapidité de l'éclair, et comme dévorée par le cotillon de laine bleue rayée.

— Et si quelque chose doit rougir, c'est véritablement notre gros bonnet de chènevis, quand nous vous rencontrons au marché avec votre blanche cornette, si coquette, si finement plissée, ajouta-t-il encore.

Rosette crut sentir tomber la foudre sur sa cornette si coquette, si finement plissée. Elle courba la tête.

— Nous ne sommes pas si riche que le marquis de Carabas, continua Jean; cependant nous voulons, pour notre entrée en ménage, élever notre petite maison d'un étage, y ajouter une aile, l'entourer d'un grand mur en craie, avec porte en briques rouges. A l'heure qu'il est, deux belles couveuses travaillent à nous préparer une riche basse-cour. Poussins et canetons attendent votre apparition, pour casser leur coquille et voleter au-devant de leur gentille fermière. Carillon, ma belle vache blanche, nous promet une taure avant peu. La moisson va combler la grange, et la vendange la vinée. Mettons-nous à genoux demain, sous la bénédiction de M. le curé ; vous serez, nous l'espérons, la plus heureuse des femmes, et moi le mieux partagé des maris.

— Nous avons le temps, reprit Rosette d'un petit air boudeur ; qui nous presse ?

Tout le dépit de Jean se trahit à ces paroles.

— Voilà une méchante réponse, Mademoiselle ; cette réponse-là, vous ne la feriez pas sans doute au monsieur qui passe et repasse tous les soirs devant la porte de votre maison, ajouta le pauvre garçon avec amertume.

En effet, un homme d'une physionomie singulière, portant un costume bizarre, le front couvert d'une toque que surmontait une grande plume flottante, enveloppé dramatiquement dans un long manteau, passait et repassait tous les soirs devant la maison de Rosette, et ne s'éloignait que lorsqu'il avait aperçu la jeune fille et qu'il avait été vu par elle.

Rosette devint rouge comme une cerise.

— Monsieur Jean, s'écria la jeune fille avec aigreur, il me semble que vos outils se rouillent dans la cour.

— Aussi va-t-on les rejoindre, reprit Jean, le cœur un peu serré.

Comme il sortait, une voix d'une fraîcheur extrême s'écriait : « Rosette ! Rosette, viens donc m'aider, je n'en puis plus. » C'était la voix de Mariette qui revenait du ru avec une grosse charge de linge au dos. Jean aida à Mariette à se débarrasser de sa hotte.

— A la bonne heure, voilà une brave fille, s'écriat-il, en affermissant le fardeau de la petite Mariette le long du mur ; puis il s'éloigna.

— Merci, Monsieur Jean, lui répondit Mariette, non pour le compliment, mais pour le service.

Jean disparut sans répondre.

Mariette s'occupa d'étendre son linge sur la haie du jardin.

III.

Rosette se mit à dévorer les pages d'un mauvais livre que lui prêtait, en cachette, une femme discréditée dans le pays. Ce volume était comme un souffle de l'enfer. Tout l'orgueil du monde y était présenté sous les couleurs les plus séduisantes, les plus perfides. L'Évangile était abandonné dans la poussière, sur le vieux manteau de la cheminée. Le mauvais livre ne la quittait plus. Ce jour-là, la dose d'extravagances que lui servait son imagination avait atteint un degré de surexcitation tel, qu'il était impossible, à la folie même, de la surpasser.

Mariette entra toute mouillée encore de l'eau du ru. Rosette cacha son livre avec précipitation. Elle avait des larmes plein les yeux.

— Qu'avez-vous donc, ma bonne sœur, lui dit Mariette, en jetant une brassée de sarments dans l'âtre, pour faire sécher ses vêtements.

— Nous n'avons rien, lui répondit Rosette, que la question gênait.

— Vous pleurez donc pour votre plaisir, bonne sœur ? fit la petite laveuse, souriant avec malice, et la petite Mariette se mit à babiller sans que sa sœur l'écoutât.

— La journée aujourd'hui a été bonne ; jamais les

oiseaux n'ont été plus gais, les arbres plus verts, l'eau plus douce ; notre goûter sur l'herbe, au bord du lavoir, à l'ombre des grands tilleuls, nous aurait fait bien du plaisir si le soleil n'avait pas dardé si dru autour de nous ; jamais le battoir ne s'est trouvé si léger dans nos mains ; la fatigue était comme endormie dans les joncs. Aussi, bonne sœur, votre cornette est blanche comme la fleur de l'aubépine, votre tablier, rouge comme un coquelicot; votre robe, claire comme un bluet de nos champs.

La nuit tomba; on entendit le roulement précipité d'un équipage rentrant au château : c'était une calèche, elle s'arrêta. Des dames en descendirent. Rosette les vit et soupira ; Mariette poussa un cri et sembla s'évanouir : ses yeux avaient rencontré les yeux de *l'homme des Saules*. Les dames s'enfoncèrent sous les allées ombreuses du château; l'homme disparut. La mère Grémi entra sous le chaume; Rosette essuya ses larmes, Mariette oublia son effroi. Rosette se prit à sourire, Mariette crut avoir rêvé, tellement rêvé qu'elle ne s'aperçut pas que Rosette cachait dans sa poitrine un billet que *l'homme des Saules* avait déposé mystérieusement sur la petite fenêtre ouvrant sur le jardin.

—Soupons, enfants, fit la veuve Grémi, et l'on soupa.

IV.

Le village dormait profondément, lorsqu'aux premiers coups de minuit la porte de la maison de la veuve Grémi s'ouvrit et tourna discrètement sur ses gonds. Une personne, pâle et tremblante, en sortit en toute hâte, tenant ses sabots à la main, osant à peine toucher la terre du pied. La porte se referma comme elle s'était ouverte. Cependant la veuve Grémi, qui ne dormait pas, crut entendre un mouvement inaccoutumé dans la maison. Elle se leva, puis alluma la lampe...

Suivons Rosette, car c'était elle qui se dirigeait à toutes jambes vers la vallée des Saules.

Le mystérieux billet avait produit son effet mortel. Cette démarche de Rosette en était la réponse.

« Tu seras reine si tu le veux, jeune fille. Demain
« ta beauté effacera la beauté des dames du château.
« Je puis mettre à tes pieds la parure d'une impéra-
« trice, tous les plaisirs du monde, toute la puissance
« des rois; tu seras aimée, admirée, obéie. Viens à
« nous, comme nous venons à toi. A minuit; demain
« sera trop tard. A la vallée des Saules.
« Signé : *l'Homme des Saules.* »

Rosette avait de la résolution. Elle quitta sans chagrin le toit paternel, elle arriva sans terreur au lieu désigné. L'infernal billet, en passant sur sa poitrine, semblait lui avoir desséché le cœur. Comme elle arrivait, quelqu'un lui dit, avec un sourire diabolique : « C'est ici. » Elle s'arrêta. C'était la voix de *l'homme des Saules.* « Entrez, lui dit-il, dans le tronc caverneux de ce vieil arbre; c'est la porte seigneuriale de nos châteaux, » ajouta-t-il avec le ton d'une moquerie imperceptible. Rosette entra sans répondre. Il la suivit. Le vieux saule trembla des racines aux branches, et Rosette se trouva transportée dans un lieu enchanté, éblouissant de lumières, d'azur et d'or.

— Voici vos appartements, belle Rose, lui dit tranquillement l'homme mystérieux, en la conduisant par la main.

Alors il se passa une de ces scènes de sorcellerie dignes de l'enchanteur Merlin. Les jolies sabots de bois de noyer, tant admirés du pauvre Jean, s'étaient changés en jolies bottines de satin blanc, à talons rouges, et lacées d'un ruban d'argent. Son cotillon de laine bleue rayée s'était transformé en soie d'une blancheur si éblouissante, d'une coupe si parfaite, d'un ajustement si rare, qu'elle semblait tissée, taillée, ajustée par la main d'une petite fée. Rien ne peut exprimer l'art qui avait présidé à sa coiffure; un peigne en or, ruisselant de pierreries, brillait comme une flamme dans ses cheveux noirs, lisses et abondants; un collier du plus vif corail tournait comme un cordon de feu sur son cou de neige; à ses doigts, des diamants d'un prix inestimable jaillissaient comme de vives étincelles; des bracelets d'or massif, surmontés des plus riches topazes, entouraient ses bras.

Une psyché se dressa en face de Rosette. Quand Rosette se vit ainsi, elle pensa mourir de joie.

— Rose, lui dit alors l'homme mystérieux, il faut seulement que vous sachiez que je possède une puissance inconnue aux hommes, laquelle puissance me fait plus riche que les mines d'argent et d'or. La science n'a pas de secrets pour moi.

— Oui, Monseigneur, répondit Rosette, ne pouvant se lasser de s'admirer.

Il la conduisit, par la main, dans ses jardins immenses, pleins des fleurs les plus rares, plantés des fruits les plus recherchés de la terre; des milliers d'oiseaux aux plumages les plus variés, venus des climats les plus lointains, voltigeaient et chantaient. Le jour était étrange dans ce jardin; c'était comme un jour sans soleil, comme un soleil sans chaleur. Rosette en ressentit cependant un secret effroi. Comme elle passait sous un églantier fleuri, *l'homme des Saules* secoua cet arbre, des roses s'en détachèrent avec abondance et se fixèrent d'elles-mêmes à la robe blanche de Rosette. Et, s'avançant encore sous une immense haie, *l'homme des Saules* en secoua la rosée; des milliers de perles se répandirent dans les cheveux de la jeune fille, sur ses jolies bottines, dans les roses qui relevaient l'éclat de ses ajustements; puis, un petit brouillard s'éleva soudain, s'arrêta au-dessus de Rosette, l'enveloppa, s'attacha sur ses épaules. L'homme mystérieux étendit la main, et ce brouillard devint un long manteau d'azur; puis, levant les yeux au ciel, mille étoiles se répandirent dans les plis de cet impérial manteau. On passa dans la cour : des andalous piaffaient d'impatience, attelés à un équipage d'un vert sombre; un cocher richement galonné tenait les guides. A l'approche de l'homme mystérieux, deux laquais vinrent ouvrir la calèche : *l'homme des Saules* et Rosette y montèrent avec précipitation, les deux laquais prirent silencieusement place derrière. L'équipage partit au grand galop.

— Où donc allons-nous? dit Rosette à *l'homme des Saules*.

— A Paris! répondit ce dernier; et la voiture allait, allait d'un train d'enfer.

Comme Rosette passait devant la maison de sa mère, qu'elle avait quittée une heure auparavant, elle entendit un immense soupir, quelque chose comme le râle d'un agonisant, puis des sanglots. La veuve Grémi expirait, Mariette pleurait. Les chevaux firent un mouvement de recul, le cocher fouetta, les chevaux repartirent, faisant feu des quatre pieds.

— Que vous êtes belle ainsi ! lui dit alors *l'homme des Saules.*

Rosette oublia le soupir et les sanglots du chaume pour sourire au compliment. Cependant elle n'avait pu s'empêcher de dire :

— Quels sont ces soupirs? d'où viennent ces sanglots?

L'homme avait répondu :

— C'est le vent qui souffle dans les arbres du chemin.

V.

La voilà à Paris, courant le monde et les plaisirs, et conduite toujours par l'homme étrange qui l'avait ravie au pauvre village. Un secret tourment commençait à dévorer le cœur de Rosette : l'ennui la gagnait. Il y a une voix dont on se débarrasse difficilement, dont on ne se débarrasse guère : cette voix, c'est celle de la conscience. Elle commençait à troubler le cœur de Rosette. Il lui prenait de violents désirs d'aller se jeter aux pieds de sa mère. Son cœur, amolli par les plaisirs, était incapable d'exécuter une pareille résolution : elle ignorait la mort de la veuve Grémi. La pauvre femme s'étant levée, comme nous l'avons dit, ayant rallumé sa lampe, s'était aperçue de la fuite de Rosette. Le billet, trouvé à terre sur le seuil de la porte, lui avait tout expliqué. Elle expirait comme sa fille fuyait en équipage, en passant devant sa porte; les sanglots que Rosette entendit étaient les plaintes de sa bonne sœur Mariette, qui ne savait à qui se recommander. Jean-Louis était accouru. Le brave garçon, en voyant la désolation de la pauvre chaumière, était bien désolé lui-même, et, comme la mère Grémi regardait sa fidèle et douce Mariette avec inquiétude :

— Mère ! avait dit l'honnête garçon ; mère, ne craignez rien pour celle-là; notre tête s'est trompée hier, mais notre cœur nous dit aujourd'hui que c'est Mariette que nous devons épouser.

La bonne femme ne put que serrer la main de Mariette et celle du bon Jean-Louis entre ses mains mourantes; la veuve Grémi expira en chrétienne: sans maudire, et demandant à Dieu de pardonner à sa malheureuse fille.

Le bon curé, qui l'aidait sur le chemin pénible de la tombe, lui promit qu'il en serait fait ainsi. Après le deuil, Jean-Louis épousait Mariette, qui avait toujours gardé une secrète affection pour lui. En mourant, la veuve Grémi avait dit à Mariette :

— Mariette, prends cet anneau que m'a donné ton père; il est bénit, mon enfant; tâche de trouver ta sœur, elle est l'aînée, tu le lui remettras...

La pauvre femme emportait la pensée que sa fille Rosette était le jouet d'un sort. Elle avait la foi que cette bague la ramènerait et lui rendrait le repos. Mariette lui promit.

VI.

Le hasard fit découvrir à Mariette la demeure de Rosette. Elle partit pour Paris; Jean voulut l'accompagner. Elle arriva chez Rosette; mais on lui fit toujours des réponses évasives chaque fois qu'elle se présenta :

— Madame n'est pas levée ; — madame est à sa toilette ; — madame est au bain ; — madame déjeune ; madame est en visites ; — madame est en promenade ; — madame traite et ne peut recevoir ; — madame est en soirée ; — madame est à l'Opéra.

Mariette raconta tout cela à Jean-Louis, qui ne manqua pas de confirmer l'opinion de la veuve Grémi.

— Notre pauvre sœur Rosette est certainement le jouet de quelque sorcier, lui dit-il.

Une existence pareille lui semblait une véritable damnation. Nous étions en carnaval. Un soir, qu'une foule de gens masqués et déguisés encombraient l'hôtel de Rosette, Mariette résolut d'y pénétrer à l'aide de la confusion. Elle avait mis pour cela son plus joli costume de paysanne : souliers en castor bouclés d'argent ; puis bonnet rond, fichu à fleurs, robe à grands ramages ; cœur et croix en or sur la poitrine. Mariette entra d'emblée. Tous les regards se tournèrent vers elle.

— A la bonne heure! disaient dominos et paillasses, voilà un costume des mieux portés. La petite est fort bien déguisée. Quelle fraîcheur! quelle blancheur! une vraie fleur des herbes !

Mariette ne s'arrêta pas devant tous ces jolis propos : elle chercha sa sœur dans la foule qui encombrait les appartements ; elle la trouva dans la salle de danse, entourée comme une reine. Le cœur lui battit. L'homme entra. Cet homme étrange essayait le dernier éclat de la tentation pour s'emparer de l'âme de Rosette. Les faux prêtres attendaient l'instant où elle se déciderait pour lui donner leur infernale bénédiction. Ce jour-là certainement Rosette devait succomber. Personne n'avait pu la surpasser en beauté, en parure, en puissance. L'orgueil semblait avoir vaincu toutes ses répugnances. Mariette parut. Rosette la vit, et poussa un cri tel que tout en fut ébranlé dans les appartements. Les deux sœurs tombèrent, en pleurant, dans les bras l'une de l'autre...

— Et ma mère ? s'écria Rosette, et ma mère ? reprit-elle à deux fois.

— Morte! répliqua fortement Mariette, voulant porter un coup profond dans cet esprit ravagé et devenu comme insensible.

Rosette baissa la tête. Ici *l'homme des Saules*, soupçonnant quelque conjuration contre son pouvoir, fit un signe. L'orchestre beugla d'étranges sons; un chœur diabolique hurla affreusement. On ne s'entendit plus. Mariette alors tira de son doigt l'anneau de sa mère et le présenta à sa sœur. Rosette le prit.

— C'est l'anneau de notre pauvre mère, lui dit Mariette.

Rosette, fondant en larmes, le porta à ses lèvres. L'orchestre et le chœur infernal firent silence, et voilà que ses bottines de satin redeviennent de jolis sabots en bois de noyer; sa robe de soie, cotillon de laine bleue rayée; son peigne en or, cornette blanche et finement plissée; le mantelet d'azur fondit en brouillard; les perles redevinrent gouttes de rosée; les roses tombèrent fanées à ses pieds; les lumières s'éteignirent une à une, et danseurs et danseuses semblaient être des ombres passant les unes au travers des autres, s'effaçant et reparaissant comme des êtres de phosphore. Un cri de désespoir, un cri de damné alors se fit entendre, et tout s'éteignit. C'était *l'homme des Saules* qui pleurait sa proie. Ce démon fascinateur délégué par l'enfer, ayant nom : Orgueil ! était vaincu ; l'anneau bénit triomphait. Mariette ramena sa sœur au village. Jean la conduisit avec sa jument, dans sa carriole d'osier. Depuis ce jour, la pauvre Rosette n'avait cessé d'aller du chaume à la vallée des Saules, pour tâcher d'y retrouver ce qu'elle y avait laissé : le repos. Ce fut en vain, jamais elle ne le retrouva. Voilà pourquoi elle errait silencieusement, voilà pourquoi elle était indifférente à tout ce qui l'entourait. Ce n'était plus qu'une sorte de fantôme au milieu des vivants. On eût dit le désespoir du mal courant après l'innocence des premiers jours.

VII.

Par une nuit d'été, le berger de l'endroit vit Rosette entrer mystérieusement, comme une âme en peine, dans le cimetière du village, puis s'avancer, s'agenouiller et prier au pied d'une croix en bois, plantée sur une tombe nouvelle encore. Le vieux berger approcha ; alors il entendit des sanglots déchirants, des paroles amères. Rosette pleurait ; ses cheveux longs et noirs étaient répandus sur son visage, sur ses épaules, en signe de désespoir ; cela avait un aspect si lugubre, que le vieux berger n'osa troubler la prière de la pauvre fille. Peu à peu la voix de Rosette s'éteignit ; la malheureuse enfant s'affaissa lentement et s'étendit sur le gazon funéraire. Bientôt le berger ne vit plus, n'entendit plus rien ; mais levant les yeux, guettant un rayon de la lune obstruée par les nuages, il vit comme deux ombres qui se tenaient étroitement embrassées : une pauvre femme, une bonne mère, qui, tout en larmes, emportait dans ses bras une enfant triste et pâle, invoquant Dieu et regardant le ciel : c'était l'âme de la veuve Grémi; c'était l'âme de l'infortunée Rosette.

Et comme des jeunes gens, comme des jeunes filles interrogeaient le bon curé touchant le récit du vieux berger, lui disant : Qui donc a opéré cette miraculeuse réconciliation? Le bon pasteur leur répondit : C'est, mes enfants :

le repentir filial et l'amour maternel!

LES SOUS DU DIABLE

LES
SOUS DU DIABLE

I.

Il existe à Tonnerre, petit ville de la Bourgogne, une source nommée la *Fausse-Yonne*, située dans le quartier vieux de la ville ; elle coule au pied d'une montagne effondrée, qui la domine à une hauteur de soixante mètres. Prise comme dans un fer à cheval, elle débouche sur une rue étroite qu'habitent les tonneliers de la localité. Quelques maisons incrustées comme des nids d'hirondelles au flanc circulaire du mont, donnent à ce point de la ville une physionomie des plus originales.

Les bords de la *Fausse-Yonne* sont habituellement fréquentés par les pauvres femmes de l'endroit, qui viennent y laver leur linge.

Mais ce qui frappe les regards, mais ce qui confond l'esprit, c'est la couleur étrange de ses eaux, c'est leur profondeur. L'eau de la *Fausse-Yonne* est positivement bleue, d'un bleu sombre, d'un bleu vulgairement connu sous le nom de *bleu de roi*. Hiver comme été, elle est toujours la même ; rien ne la trouble, rien ne la change, rien ne l'altère. On y jette vainement la sonde ; la sonde plonge et descend toujours, toujours sans jamais atteindre le fond, sans y rencontrer un obstacle, un point d'appui. Où va tomber la pierre que le passant curieux pousse du pied dans la *Fausse-Yonne?* c'est le secret du diable.

Toutefois, voici ce que l'on raconte sur la couleur fantastique des eaux et sur sa profondeur mystérieuse.

II.

Le 13 juillet, l'an sept centième de l'ère chrétienne, un cavalier noir, portant à son casque un panache rouge comme le foyer d'une forge, entrait, monté sur une cavale blanche, dans la petite ville de Tonnerre. Il descendait au grand galop la gorge de la côte qui verse dans la ville ; le soleil brillait, les oiseaux chantaient. Les naseaux de l'animal flambaient comme une fournaise, ses prunelles luisaient comme des charbons, et ses flancs fondaient en eau, déchirés par les larges éperons d'or du magnifique cavalier.

Au galopement impétueux du gentilhomme, un petit garçon, nommé Pierre, s'était élancé curieusement sur le bord de la route ; il promenait ses grands yeux tout ébahis sur le beau cavalier, quand celui-ci lui cria :

— Enfant, ma jument a soif, indique-nous la source la plus voisine.

— Là-bas, sur la gauche, répondit aussitôt l'enfant, indiquant la *Fausse-Yonne* du doigt et du geste.

Le cavalier piqua sa cavale blanche et se dirigea vers la source; à peine avait-il fait quelques pas, qu'une énorme valise qu'il portait en croupe se creva. Pierre, qui suivait le cavalier des yeux, vit tomber, rouler et s'éparpiller sur la route une quantité de jolis sous luisants et neufs. Pierre courut les ramasser, observant bien si personne ne le voyait emplir ses poches des sous que ce beau seigneur perdait.

Personne ne le vit. L'enfant rentra chez lui riche comme un Crésus, inquiet et dissimulé comme un avare.

La peur du châtiment est la conscience des mauvais sujets; une fois certains qu'ils n'auront pas les oreilles tirées, ils s'endorment dessus avec la sérénité du juste. Par cette raison peu concluante que le village ignorait son larcin, Pierre crut ce bien ainsi acquis, bien acquis. Le petit drôle connaissait déjà ce dicton : *Péché caché est à moitié pardonné.* Il le corrigea même par TOUT A FAIT pardonné. Quant au vigneron Evrat, nul doute que s'il eût su l'action peu délicate de monsieur son fils, suivant l'usage en vigueur dans le pays, une rude poignée de boulin emmanchée au bout du bras paternel aurait daubé d'importance sur le derrière compromis de notre jeune larron.

Pierre échappa donc à la correction paternelle; mais, le diable s'en mêlant, le malheureux fut bien autrement châtié.

III.

Le lendemain, il devait y avoir grande fête à Tonnerre; Pierre se promit de tirer bon parti de sa fortune et de s'en donner à cœur joie. Le jour vint ; voilà notre gamin parti. La première rencontre qu'il fit fut celle d'un oiseleur qui revenait des champs, un nid de fauvettes entre les mains.

— Oiseleur, combien ce nid? dit l'enfant à cet homme, avec l'aplomb suffisant d'un gros capitaliste.

L'oiseleur dit son prix. L'enfant s'empara du nid et paya sans marchander ; la jeunesse est prodigue. À peine ces pauvres oiselets avaient-ils du duvet. Cependant, comme Pierre longeait la haie du chemin, une fauvette vint battre des ailes autour de lui, caquetant avec colère. C'était la mère malheureuse de la couvée orpheline que Pierre emportait tout triomphant. Aux cris de la fauvette, voilà toute la nitée, jusqu'au culot, qui prend sa volée par les airs à la suite de la mère qui les guide en chantant. L'acheteur resta confondu.

Les enfants ne réfléchissent pas sur la nature de leurs impressions. Ces oiseaux qui s'envolaient sans plumes ne lui parurent pas un motif suffisant pour attirer son attention. Il n'y avait là, selon lui, qu'une chose indifférente et peu miraculeuse. Il avait donc oublié les pauvres oiseaux, lorsque le jardinier de l'enclos voisin vint à passer. Cet homme allait vendre ses fleurs aux dames du château.

— Combien ces fleurs, bonhomme? lui cria l'enfant, et de suite il en fit emplette. Ce gros bouquet va joliment contenter notre mère, pensait-il.

Cette pensée était d'un gentil garçon ; mais, comme il passait sur la route, à la même place où il avait massé ses sous, voilà que pivoines, roses, pervenches, œillets, lis, s'effeuillent et tombent fanés à ses pieds, roulant à tout vent, comme des feuilles sèches.

— Cet homme m'a attrapé, murmura l'enfant, jetant loin de lui les tiges brûlées entre ses mains.

Comment comprendre, en effet, qu'il en pût être autrement? Assurément, s'il y avait là un fripon, ce ne pouvait être M. Pierre!

En ce moment un aveugle allait, conduit par un caniche vieux et grave; l'homme chantait d'une voix lamentable un noël du temps; le chien implorait du regard la pitié des passants.

M. Pierre jugea que c'était le moment d'user de sa fortune avec magnificence, en bon riche. Il étendit donc la main pour déposer quelques sous dans la sébile que le chien tenait entre ses dents.

L'animal détourna la tête, et l'aveugle s'écria :

— Enfant, le ciel ne nous permet pas d'accepter ton aumône.

— Ces pauvres sont bien fiers, murmura notre jeune Crésus.

Et comme il continuait sa route, quelques sous tombèrent de sa poche à terre, sans qu'il s'en aperçût.

— Enfant! lui cria l'aveugle, tu perds cet argent.

A cet avertissement du pauvre homme, Pierre, un peu troublé, ramassa ses sous en silence. Son action de la veille lui traversa l'esprit, c'était une avant-garde du remords.

Le pauvre continua son chemin. Cependant Pierre, voulant absolument faire partager sa fortune, car il était bon, courut assembler quelques camarades. Les voilà rassemblés, ils partent; il les conduit dans la boutique d'un pâtissier pour les bien régaler. Ils y entrent; les voilà à même les gâteaux, mangeant d'un appétit vorace, en vrais gloutons et comme gens peu habitués à se trouver à pareille fête. La friandise aiguisant la gourmandise, Dieu sait les biscuits, les croquets et les tartes qui y passèrent! La bande vorace une foi rassasiée, M. Pierre paya la carte généreusement; puis l'on s'éparpilla dans les herbes de la prairie voisine, le museau tout sucré et barbouillé de raisiné.

Mais pourquoi ces contorsions, ces grimaces, ces cris? Les malheureux sont pris d'affreuses coliques, ils ont les entrailles en feu; c'est comme un tison de l'enfer qui les dévore. Pierre les regarde d'un œil étonné; lui seul ne ressent rien du malaise général; heureux celui dont les bretelles ne sont pas fixées irrévocablement à la ceinture de la culotte! heureux l'habile à s'en débarrasser! Mais, hélas! plus d'un fut victime de la précaution maternelle; plus d'un le fut aussi de sa maladresse. Pierre qui, voyant souffrir ses petits amis, voulait pleurer, se mit à rire, à rire, et tellement fort, que les autres, qui commençaient à se mieux porter, se regardèrent avec colère, soupçonnant quelque mauvais tour. Mais les voilà, eux aussi, qui sont tous pris soudainement d'un long rire, se roulant, se tordant, comme si une main invisible les eût chatouillés, riant aux larmes, les yeux injectés de sang : c'était comme un rire de l'enfer, on eût dit une troupe de démoniaques.

Cependant le rire cessa. Chacun se dispersa. Des jeunes gens jouaient à *croix ou pile* sur la place de l'Église; ils jouaient de l'argent, le pire des enjeux. Pierre, faisant sonner ses sous, se proposa pour être de la partie. On l'admit au cercle de cette académie des rues. Ce fut prodigieux avec quel bonheur Pierre gagna! avec quelle rapidité il emplit ses poches! Ce bonheur obstiné commença à devenir suspect à quelques joueurs, peu satisfaits de voir leur monnaie infidèle leur échapper si facilement. Voilà tout à coup qu'un grand bêta nasille, traînant la voix et tirant de l'œil :

— Le gars nous a volés.

— Bah! répondirent les malins, c'est le hasard qui l'a protégé.

On sait que le hasard est le patron des joueurs. Mais le grand benêt aux cheveux plats et roux, et dont les bras pendaient collés le long du corps comme des manches de chemise au bout desquelles on aurait mis du plomb, se jeta sur l'enfant avec l'agilité d'une bête sauvage, lui arracha un sou des mains, et fit voir à ses camarades stupéfaits que les sous de M. Pierre étaient pile des deux côtés ; comme l'enfant jouait toujours sur la pile, toujours il gagnait.

Ce fut alors une véritable tempête de vociférations.

— Rends-nous notre argent, coquin !

— Tu seras pendu, scélérat ! hurlait la foule ameutée, les intéressés par dépit, les non intéressés pour donner dans le pays une bonne opinion de leur probité. On ne saurait douter de la probité de quiconque crie : Au voleur ! Pierre avait donc à ses trousses l'hypocrisie et l'intérêt. Cependant il en fut quitte pour quelques mottes de terre au milieu des reins, suivies de plusieurs coups de gaule à travers les jambes. Pierre fit le tour de la ville, l'âme en proie aux plus vives terreurs.

Quand il fut seul, il se prit à trembler de tous ses membres, ses dents claquaient. Il commençait à réfléchir sur les événements de la journée, sans toutefois s'en expliquer la cause.

Il était près de six heures, lorsqu'une faim terrible,

une sorte de faimvalle s'empara de son estomac : la soif lui brûla la gorge, le sommeil lui sema du gravier plein les yeux.

Il entra chez un boulanger. Quand il voulut mordre dans le morceau de pain qu'il venait d'acheter, il lui sembla qu'il mordait à même dans un morceau de craie. Il rejeta le pain avec dégoût.

Apercevant une ferme, il y entra pour y boire un peu de lait; à peine l'eut-il porté à ses lèvres qu'il se prit à vomir. Il lui sembla qu'il buvait du vert-de-gris. Un gros soupir souleva sa poitrine.

Quand il voulut s'étendre à terre pour y goûter un peu de sommeil, il ne put fermer la paupière; il lui sembla qu'il était couché parmi des sous entassés sur champ; il se leva avec tristesse.

Comme il longeait le buisson où, le matin, il avait rencontré l'oiseleur, il entendit des petites fauvettes qui chantaient :

— Petit voleur! petit voleur! Fuyez vite! vite! vite!

Pierre courba la tête et passa rapidement.

Comme il regagnait la route où les fleurs du vieux jardinier s'étaient effeuillées, toutes leurs pétales s'étaient groupées sur la place où le cavalier noir avait laissé tomber ses sous, et formaient de leurs couleurs, vivifiées par le souffle du soir, ce mot terrible :

— Voleur !

Pierre se cacha le visage de ses deux mains.

Il rencontra l'aveugle et son chien : à son aspect l'animal quitta la sébile et se mit à hurler.

— Mon enfant, dit l'aveugle à Pierre, il y a quelqu'un quelque part qui n'est pas content de toi.

Pierre comprit qu'une main mystérieuse le frappait. Il se prit à pleurer.

En ce moment deux archers, qui entraient au grand galop dans la ville de Tonnerre, le glacèrent d'épouvante.

— On sait tout, pensa l'enfant. Le monde lui parut trop petit pour le cacher aux regards des soldats. Il voulut mourir, c'est alors qu'il se dirigea vers la *Fausse-Yonne* pour s'y noyer.

IV.

Au moment où Pierre arrivait à la source, deux personnages l'y avaient devancé : l'un était le cavalier de la veille, embusqué et caché avec sa cavale blanche. Qu'attendait-il? une victime : le malheureux Pierre.

Le second personnage était un grand vieillard, en barbe blanche et vêtu d'une robe de laine blanche. Il était occupé à laver ses pieds poudreux dans l'eau claire de la fontaine; un long bâton d'apôtre était couché près de lui sur un manteau bleu déposé à terre.

Pierre arrivait fondant en larmes. Il jeta dans la *Fausse-Yonne* les sous qui lui restaient. Quels furent son étonnement et sa frayeur! Les effigies de ces sous diaboliques se mirent à regarder l'enfant, en roulant sur lui des yeux énormes; puis ces regards fascinateurs l'attiraient, l'attiraient.

Il s'élançait dans les ondes de la source, quand le vieillard l'arrêta, lui disant :

— Que faites-vous, mon fils?

Le vieillard regardait l'enfant avec bonté.

Le pauvre petit se sentit sauvé. Il raconta tout.

Ce vieillard était un de ceux qui pensent qu'il n'y

a point de petites peines quand le cœur est déchiré. Ce bon vieillard lui tendit les bras avec tendresse.

Pierre s'y précipita soudain, presque joyeusement; il avait trouvé un père miséricordieux.

Le chevalier noir frappait la terre du pied avec impatience.

— Dieu vous pardonne, mon enfant! dit le vieillard; il a vu votre repentir.

— Hélas! babutia le malheureux Pierre, éclatant en sanglots, ces méchants sous m'accusent toujours. Comme ils me regardent! J'ai peur!

Et l'enfant cachait son visage dans ses mains.

Ce que voyant, le saint évêque Pallade, car c'était lui, le saint homme, courut à son manteau, et, comme un bon père qui cache à tous les défauts de ses enfants, il le jeta dans la source, sur les sous accusateurs; alors la source prit tout à coup la couleur bleu sombre du manteau, qu'elle a conservée depuis.

L'enfant tomba à genoux.

En ce moment l'horloge de l'église qui domine la côte compta six heures. L'*Angelus* sonna. L'évêque fit un signe de croix. A ce son de la cloche, à ce signe de croix de l'évêque, le cavalier s'élança de son embuscade, hurla d'affreux blasphèmes, plongea dans la source avec sa cavale blanche, et disparut. La source bouillonna longtemps. Quand les flots furent calmés, la *Fausse-Yonne* n'avait plus de sable. Le fond de son bassin venait d'être emporté à tout jamais dans les abîmes de l'enfer.

Depuis, on y jette vainement la sonde.

— Mon enfant, dit alors le saint évêque au petit Pierre, les sous que vous avez ramassés hier, sur la grande route, étaient maudits : ces sous étaient *les sous du diable!* Gardez-en le souvenir, et rappelez-vous que dans toutes les occasions de la vie :

« *Bien mal acquis ne profite jamais.* »

Et que « *péché caché n'est jamais pardonné.* »

LES ONDINES

LES ONDINES

I.

Un pauvre homme vivait en Normandie du rapport d'un pré dont il nourrissait une vache, un âne et quelques moutons. Ce pauvre homme, nommé Michel, était bien triste. En ce temps-là, une sécheresse désolante dévorait la terre ; rien ne poussait, tout mourait. Les arbres étaient sans feuillage, comme aussi les champs sans verdure.

Un ennemi de la localité s'y était fixé depuis quelques mois. Cet ennemi se nommait Grand-Hâle : sorte de géant à la physionomie longue, maigre et jaune. Son regard était sec et froid. Il promenait toujours une langue enflammée sur ses lèvres de feu, quand il poussait ce cri terrible :

— A boire !

A ce cri, les sources gémissaient ; les fontaines se lamentaient. C'était leur arrêt de mort. Le géant passait, les découvrait; alors, se couchant à plat ventre au-dessus des joncs, un bras jeté sur les rives jumelles, la tête penchée sur l'onde, en deux ou trois gorgées sources et fontaines étaient desséchées.

Les petits ruisseaux qui serpentent à travers les prairies, et les fécondent dans leur cours tranquille, n'étaient pas plus épargnés; Grand-Hâle hurlait :

— A boire! et tout y passait.

— Qu'allons-nous devenir? disait un soir Toinon à son mari; la misère, mon pauvre homme, nous presse de tous côtés. Déjà, l'année passée, nous avons emprunté quelques bottes de fourrage au meunier, notre bon voisin. Cette année s'annonce plus mauvaise que l'autre encore. Les fourrages étant plus rares, se vendront plus cher; et, ne trouvant plus à qui emprunter, il nous faudra vendre la vache, les moutons et l'âne, faute de pouvoir les nourrir.

Michel soupira.

— Il est vrai, femme, que le bon Dieu ne nous épargne guère, répondit le pauvre homme.

— Las! que vont devenir nos pauvres enfants? s'écria Toinon.

L'excellent homme, voyant sa femme ainsi désolée, tâcha de lui rendre un peu d'espoir, et lui dit :

— Cependant, femme, il ne faut pas comme ça désespérer du bon Dieu, se laisser tomber à terre tout de son long sans étendre les mains quelque part et tâcher de se rattraper à quelque chose. Tous nos chagrins n'amèneront pas un grain d'avoine dans l'auge de nos bêtes, ni un épi de seigle dans le grenier.

Si la faux ne peut nous être utile aujourd'hui, la cognée nous reste. Tout aussi bien le vieux châtelain fait abattre les chênes de ses grandes forêts, l'intendant m'a demandé si je voulais en être; j'en suis, et j'y vais.

Michel prit sa cognée, fourra dans le fond de sa hotte un morceau de pain noir de sarrasin, embrassa ses enfants, et partit, ajoutant :

— Adieu, femme! Soigne la vache, les moutons et l'âne.

II.

Grand-Hâle ne cessait de faire des siennes dans les environs : les vannes les plus abondantes commençaient à se tarir sous sa soif dévorante. Les moulins ne tournaient plus faute d'eau. La province était dans la désolation.

Un jour, le soleil se couchant, on arrivait à l'heure tant désirée par les hommes et par les plantes pour respirer un peu de fraîcheur; voilà qu'une jolie personne, si petite, si mignonnette, qu'elle aurait dormi à l'aise dans une feuille de rose, apparaît soudain, se dirigeant vers un étang où un reste d'eau verdâtre séjournait encore. C'était la reine des Ondines.

Elle était coiffée d'un myosotis, vêtue d'une robe taillée en plein dans les ailes diaphanes des libellules.

Arrivée au bord de l'étang, elle se pencha et puisa de l'eau dans une jolie cruche bleue; non pas cruche, mais cruchette. Elle s'en revenait tout heureuse, le vase posé dans le creux de sa main, puis élevé à la hauteur de l'épaule, à la manière des femmes d'Orient, quand le géant Grand-Hâle l'aborda, lui barra le passage en criant :

— A boire !..

La petite reine, surprise et troublée, fit un saut en arrière. Une goutte d'eau qui s'échappa de sa cruche faillit l'inonder.

— A boire! répéta Grand-Hâle.

— Monsieur, lui répondit la petite reine, je ne saurais vous satisfaire.

— Eh quoi! répliqua l'affreux géant, tu ne peux étancher la soif qui m'étrangle?

— Non, répondit humblement la jolie reine. Croyez, ajouta-t-elle toute tremblante, que je le voudrais bien.

— Vouloir c'est pouvoir, enfant, tonna le monstre; sans plus de réplique, passe-nous ce cruchon.

— Quel bien cela peut-il vous faire, une goutte d'eau?

— A boire!

L'humilité est l'arme des faibles. La petite reine avait ouï dire par un Turc : Il faut baiser le poing qu'on ne peut pas couper. Elle se prosterna donc en disant :

— Je supplie humblement Votre Altesse d'avoir au moins quelque souci de ma famille! Cette goutte d'eau est nécessaire à son existence.

Les besoins sont sans pitié.

— J'ai soif! fut toute la réponse de Grand-Hâle.

— Cependant, fit la petite reine avec résolution, vous n'aurez pas ma cruche.

— C'est ce que nous allons voir, fourmi, s'écria Grand-Hâle en allongeant une main profane vers le vase sacré.

Ondine se fourra sous un buisson. Le géant écrasa le buisson du pied.

— Grâce! s'écria la petite reine avec un accent si lamentable que les oiseaux du ciel en furent attendris.

— J'ai soif!

— Veuillez considérer, prince, que grand'maman se meurt dans ses joncs flétris.

— J'ai soif !

— Que mon père se meurt dans ses roseaux desséchés.

— J'ai soif !

— Que mes enfants se meurent sur le cresson jauni.

— J'ai soif ! j'ai soif !

— Je ne peux pourtant pas tuer ma famille pour vous, lui répondit la pauvre Ondine tout en larmes.

Pleurs inutiles ! C'en était fait de la jolie cruchette aux flancs bleus. Le monstre allait tout avaler, et la petite reine était fort désolée, quand elle aperçut au loin le Normand Michel, qui s'en revenait sa cognée sous le bras et sa hotte remplie de souchons.

Ondine eut un moment d'espoir. Cependant le bûcheron était encore bien loin, et le géant bien près. Elle entreprit de gagner du temps; et feignant de céder :

— Au moins, dit-elle, ne cassez pas ma cruche.

Puis elle essaya de lui faire une histoire au sujet de cette cruche :

— C'est, lui dit-elle, Bernard de Palissy, mon parrain, qui me l'a donnée. Un grand potier, monsieur le prince, qui a brûlé ses meubles, vendu ce qu'il possédait, fait des dettes, bravé les criailleries de sa femme, sotte et méchante, pour mener à fin ce chef-d'œuvre; pour colorer ses flancs de cet azur emprunté aux cieux, et le fixer à tout jamais sur le grès, pour donner à cette anse la couleur verte des roseaux. Ce couvercle qui couvre ma cruchette, lequel ressemble à la fleur du coquelicot, lui a coûté trois mois de patient labeur. Je crois même, monsieur le prince, que c'est tout ce qui nous reste de Bernard de Palissy, du pauvre potier de terre! du grand artiste!..

— Qu'est-ce que c'est que ça, Bernard de Palissy? Était-ce un marchand d'eau? grogna le géant. Donnait-il à boire

— Hélas! non, répondit la petite reine, c'était tout simplement l'immortel inventeur des émaux.

— Tu te moques, fourmi, avec tes sornettes... Pour la dernière fois, donne-moi cette cruche, ou je te brise avec elle.

— Au secours! au secours! cria la pauvre Ondine. Quelqu'un entendit ses cris. Michel arriva.

III.

Le bûcheron eut beaucoup de peine à découvrir d'où partaient ces appels; mais quelle fut sa surprise en apercevant cette jolie figure microscopique! Le pauvre homme n'en pouvait croire ses yeux. Son admiration fut à son comble quand il l'entendit s'écrier :

— Bon bûcheron, délivre-moi de la présence de ce géant impitoyable! A cette apostrophe de la petite reine, Grand-Hâle frappa la terre du pied avec fureur; Ondine faillit disparaître dans le nuage de poussière qu'il éleva autour d'elle. Alors elle se réfugia dans les jambes du bûcheron. Michel pensa tomber à la renverse en apercevant le formidable Grand-Hâle. Le géant était rouge de colère.

— A quoi bon vous emporter contre cette chétive personne? lui dit tranquillement Michel; elle ne saurait vous résister, étant plus faible qu'un brin d'herbe.

— J'ai soif! hurla Grand-Hâle.

— Cette pauvre petite n'y peut rien, lui répondit Michel.

— Non, rien! rien du tout! s'écria la petite reine avec vivacité.

— Tu mens! hurla de nouveau Grand-Hâle. Tu peux me donner cette cruche pleine d'eau.

— Ne vous ai-je pas dit déjà que cette eau était nécessaire à l'existence de mes enfants? répliqua Ondine avec exaltation.

— Géant! s'écria Michel, je veux que cette eau me serve de poison si tu en bois seulement une goutte.

— Qui donc s'y opposerait, lui dit Grand-Hâle posant un poing sur la hanche et jetant sur Michel un regard menaçant.

— Moi! répondit simplement Michel.

A cette réponse, Grand-Hâle suspendit une main d'une largeur effroyable sur la tête de Michel. Ondine trembla pour elle et pour le bûcheron. Michel, conservant tout son sang-froid, dit au géant:

— Oui, je défendrai cette jolie personne de vos attaques, quand même vous seriez le grand diable d'enfer! En même temps, le bûcheron agitait sa cognée d'une façon menaçante. Le géant se prit à rire.

Oser résister à pareil monstre était un de ces actes de courage qu'on ne saurait imaginer; mille à sa place eussent pris la fuite sans risque de passer pour poltrons. Du reste, Michel était connu pour le garçon le plus adroit et le plus déterminé de toute la province.

Un jour, des arquebusiers s'étaient réunis sous les ordres de leur baron pour faire assaut d'adresse; le but était à cinquante pas. Michel se présente et sollicite du baron l'honneur de disputer le prix. On l'admet. Cent arquebusiers avaient touché le but à peu près; mais pas un ne l'avait touché en plein. Michel vint le dernier. Le pied au but, il lança sa cognée avec tant de vigueur, avec tant de justesse, qu'il frappa droit au centre du point de mire; sa cognée s'y fixa aux applaudissements des arquebusiers eux-mêmes et de la foule assemblée. Grand-Hâle avait donc affaire à un rude jouteur; cependant le géant était plus malaisé à abattre qu'un chêne.

Au geste de Michel, le géant s'écria :

— Sais-tu, ver de terre, que d'un souffle je puis te pulvériser?

— Petite pluie abat grand vent, répondit le bûcheron.

Le géant s'avança; c'en était fait du pauvre Michel; mais, brandissant sa cognée, il la lança au front du géant qu'il atteignit. Grand-Hâle trébucha, chancela, et s'étendit à terre avec le fracas d'un arbre qui s'écroule sous le souffle des orages.

— Sauve qui peut! s'écria Michel.

Alors la petite reine s'enfuit à toutes jambes vers sa demeure ignorée, tandis que le bûcheron, de son côté, regagnait sa chaumière en toute hâte. Une heure après, Grand-Hâle, revenu de son évanouissement, se relevait la face ensanglantée, courait à travers la campagne et répétait, plus altéré que jamais :

— A boire!

IV.

Lorsque Michel rentra, Toinon était tout en larmes.

— Qu'as-tu donc, femme? qui te fait pleurer? lui dit le pauvre Michel.

— Hélas! répondit-elle, notre voisin, le meunier, est venu tantôt; il paraît fort pressé de fourrage : il m'a dit que cela lui ferait bien du plaisir si nous pouvions lui rendre les quelques bottes de foin que nous lui devons.

Le visage de Michel prit un air de tristesse.

— Cet homme demande son dû; c'est tout naturel : nous lui devons, murmura Michel.

— Il me semble qu'il aurait pu attendre quelques jours encore, soupira Toinon.

— Nous ne connaissons pas les affaires d'autrui, répondit le bûcheron.

— C'est vrai, répliqua Toinon avec humeur, il y a telles gens dont l'habit est plus huppé que le coffre-fort.

— Femme, dit Michel, en se débarrassant de sa hotte, il faut savoir rendre de bon cœur ce qu'on nous a prêté de bonne grâce.

— C'est juste, soupira Toinon. Hélas! que vont devenir la vache, les moutons et l'âne!

Michel lui dit :

— C'est dans quelques jours jour de marché; puisque la nourriture leur manque, nous irons vendre la vache, les moutons et l'âne.

Toinon se lamenta; les enfants poussèrent des cris à étourdir tout le voisinage; Michel passa aux yeux de sa femme pour manquer de caractère; les enfants, prenant parti pour leur mère, trouvaient que leur père était un méchant homme de consentir à traîner au marché la vache, les moutons et l'âne.

Michel ne répondit pas; mais comme il déposait sa cognée dans un coin de la cheminée, Toinon vit du sang qui coulait le long du manche.

— Hélas! fit la pauvre femme toute troublée, mon cher homme, vous seriez-vous donc blessé?

— Non, répondit Michel.

Et il lui raconta sa scène tragique avec le géant Grand-Hâle.

— Vous avez eu grand tort de vous exposer. Quand un danger nous barre la route, on prend, lorsqu'on est sage, un chemin de traverse pour l'éviter, lui dit Toinon avec une certaine vivacité querelleuse.

Michel ne connaissait pas cette sagesse-là; il garda le silence.

— Enfin, s'écria Toinon, impatientée du mutisme calculé de son mari, ceci pourrait bien vous amener une méchante affaire sur les bras. Ce sang-là me fait peur, ajouta-t-elle en regardant la cognée.

— Eh! pouvais-je donc laisser dévorer cette pauvre petite par ce grand coquin! s'écria Michel.

— Il me semble, répliqua Toinon, que l'existence de vos enfants vaut bien celle de cette petite bohémienne que vous ne connaissez pas.

Michel ne répondit rien. Toinon, s'animant, laissa déborder sa mauvaise humeur :

— La loi nous défend de faire le mal; quand on est misérable et qu'on a de la famille, il suffit de s'en tenir là. Il ne faut pas en prendre au-dessus de ses forces, il faut agir selon ses moyens.

Michel se prit à sourire et répondit :

— Ne pas faire le mal! c'est déjà beaucoup, oui, femme, selon la loi des hommes; mais celle du bon Dieu nous ordonne de faire plus.

— Eh! que deviendront nos propres affaires, si vous vous intéressez tant à celles des autres! reprit Toinon éclatant.

— Tu parles mal, femme, répondit Michel avec patience ; les enfants nous écoutent.

Toinon baissa la tête, voyant bien qu'elle ne pourrait rien tirer de son mari; si ce n'est qu'il fallait rendre ce que l'on devait au voisin, et vendre au plus tôt la vache, les moutons et l'âne. Elle s'en prit à ses yeux.

— Sers-nous la soupe, femme, fut le dernier mot de Michel.

V.

L'époque approchait où la vache, les moutons et l'âne allaient être conduits au marché. Le deuil était grand dans la pauvre chaumière. Michel faisait semblant de ne pas trop souffrir.

Un matin, à peine faisait-il jour, le pauvre homme, tout triste, se dirigea piteusement du côté du pré pour puiser dans la conviction de son malheur l'énergie indispensable à sa résolution désespérée. Il avait eu la veille une conversation des plus attendrissantes avec son âne, comme une sorte d'adieux funèbres. L'âne en avait paru fort triste; Michel, en proie à ses réflexions amères, était entré dans le pré. Quel ne fut pas son étonnement! ses sabots enfoncèrent et disparurent dans le sol amolli.

— Qu'est ceci! s'écria le pauvre Michel tout troublé; quoi! notre terre, de blanche qu'elle était, est brune maintenant? de dure, la voilà molle! Que vois-je encore? quoi! l'herbe y pousse! voici des pissenlits! des tulipes! des taupinées qui annoncent le retour des eaux!

Cependant rien n'était changé dans les prairies voisines : toujours la même sécheresse.

Le bûcheron prit de la terre dans sa main : elle était très-humectée. Le bon Michel n'y comprenait rien, si ce n'est que l'herbe levait ; alors le voilà, comme un insensé, qui prend ses sabots dans ses mains et se met à courir à toutes jambes pour annoncer cette bonne nouvelle à Toinon.

Intrigué de cette fécondité soudaine et mystérieuse, ne pouvant s'en expliquer la cause, voyant tout croître de plus en plus, Michel voulut savoir d'où pouvait lui provenir ce bonheur.

Or, par une belle nuit, les étoiles resplendissaient, la lune brillait dans son plein. Voilà que notre homme sort, à minuit sonnant, de sa petite maison. Tout dormait chez lui, enfants et femme. Il s'avance donc, à pas de loup, sous l'ombre des grands peupliers, longe les buissons qui bordent la prairie, puis s'embusque derrière un vieil orme.

Il ne vit rien d'abord. Cependant il crut sentir une brise légère passer dans ses cheveux, puis une sorte de fraîcheur, humide comme une rosée, humecter son visage ; enfin, il vit les herbes s'agiter, verdoyer, se cristalliser à l'extrémité de la prairie. Il entendit encore comme un bruit vague et lointain, quelque chose comme un murmure d'eau, puis des paroles confuses et de légers battements d'ailes. Ceci lui parut étrange, il regarda attentivement, observant bien d'où venait ce mouvement. La surprise du bonhomme fut bien grande alors : une ribambelle d'ondins et d'ondines, ailés ou sans ailes, volant ou marchant, s'avançaient et voltigeaient au milieu du pré. Ils étaient conduits par la jolie personne qu'il avait protégée contre le géant

Grand-Hâle. Il écouta ; il entendit la jolie personne qui disait :

— *Claire-Fontaine, Belle-Source, Frais-Ruisseaux,* et vous, *Flots-Purs*, traversez cette prairie en ouvrant vos canaux! Vous, *Légers-Brouillards*, vous, *Fine-Rosée*, volez au-dessus d'elle et répandez vos urnes!

Et rigoles et rigolettes de s'emplir, pluie de tomber, herbes de verdir, rus de couler, sous les ordres de la reine Ondine.

La jolie reine venait d'hériter d'une tante nommée *Vieille-Source*, laquelle avait une foule de citernes parmi ses domaines aquatiques. Aussitôt que la petite reine fut entrée en possession de son héritage, elle assembla son peuple, lui raconta ce que le bûcheron avait fait pour elle, la peine du pauvre homme, son intention de le tirer d'embarras, et, comme ils aimaient leur reine, ondins et ondines applaudirent unanimement à ses projets. Tout le peuple des ondes entendit l'appel royal ; tout se mit en route et besogna si bien, qu'à quelque temps de là, la vache avait de l'herbe jusqu'au ventre, les moutons par-dessus le dos, et que l'âne buvait à même à un joli filet d'eau claire.

Longtemps après, un orage passa sur la Normandie et fit déloger Grand-Hâle, mais c'était trop tard : la moisson était perdue.

VI.

Vint le temps de la fenaison. La pauvre famille récolta du fourrage pour un long hiver.

Et Toinon disait en embrassant son homme, signe de joie intérieure et de paix dans le ménage :

— J'ai payé ma dette à notre bon voisin, et, que le bon Dieu soit béni, il nous reste encore de quoi nourrir tout cet hiver la vache, les moutons et l'âne. Avec tout ça, Michel, tu ne nous a pas expliqué par quel miracle du ciel cela s'est fait et qui nous a donné cette bonne récolte.

— Qui? lui répondit Michel, promenant un œil rêveur sur les vagues argentées, vives et bleues qui serpentaient à travers la prairie, cette récolte, femme, nous la devons *aux Ondines reconnaissantes.*

LE ROI DES MINES

LE
ROI DES MINES

I.

De quel souci est-il tourmenté, le bon roi des Mines ? Depuis quelque temps déjà on le voit, triste et pensif, errer comme une ombre dans les galeries de son palais d'or et de pierreries, ne mangeant pas, ne dormant pas. Soupçonnerait-il une division au sein de son ministère ? une conjuration dans son armée ? un complot prêt à faire explosion dans un quartier de sa capitale ? Un voisin jaloux le menacerait-il d'une prompte invasion ? Se méfierait-il des ordonnances de son médecin et des sauces de son cuisinier ? Telles étaient les graves questions que chacun s'adressait en remarquant la profonde tristesse de Sa Majesté.

Il n'était rien de tout cela. Le roi souffrait parce qu'il était en butte aux attaques de deux petits garnements qui ne cessaient de l'accabler de leurs exigences. La bonté du roi ne servait qu'à rendre plus vivaces les volontés de ces petits bambins. La bonté est, de tous les sentiments, celui dont on abuse le plus. Ces méchants drôles étaient forts de toute la faiblesse du bonhomme, et ils en usaient au point de rendre le roi le plus malheureux homme de son royaume. A quoi sert la puissance?

Or, ces deux petits tyrans, qu'étaient-ils? Un garçon et une fille, l'un nommé Cristallin, l'autre nommée Perle-Fine. Ce bonhomme de roi avait eu ces enfants dans un âge avancé, après les avoir désirés longtemps; en sorte qu'il en était fou. Il ne les aimait pas, il les adorait. Si ses marmots faisaient une sottise, c'était lui qui leur en demandait pardon. Les enfants commandaient; le roi obéissait. Et sans la reine qui souffrait de tant de bontés si mal placées, qui aimait et vénérait son mari, on ignore jusqu'où les méchants blondins auraient étendu leur despotisme. Je soupçonne fort que ces chers petits princes auraient conduit leur père aux Petites-Maisons. Mais la reine, plus ferme, sans cesser d'être mère, reprenait ses enfants. Malheureusement, elle n'était pas toujours là. Il fallait bien qu'elle sortît un peu et prît l'air. C'est alors que les jeunes tyrans assaillaient le bonhomme de roi, le tirant par sa barbe blanche et vénérable; lui grimpant aux jambes, l'embrassant ou versant des larmes hypocrites, auxquelles le bon roi se laissait toujours prendre. Le pauvre père tremblait dans son cœur, prévoyant que ses enfants finiraient par lui demander et exiger de lui des choses extraordinaires.

Ce qui arriva.

II.

Le hasard diabolique voulut un jour qu'un personnage à longs cheveux, barbe inculte et chapeau pointu, vînt se promener dans le pays un album sous le bras. Ce personnage était un artiste. Cela devait être, puisqu'il avait barbe inculte et chapeau pointu. Il venait chercher dans ces lieux éloignés des montagnes arides et des couchants embrasés, dont il voulait enrichir la peinture et les musées de sa patrie. Mais obligé de repartir en toute hâte sur le vaisseau qui venait de remettre à la voile pour le retour, le pauvre artiste oublia son album plein de croquis, au pied d'un rocher où il s'était endormi. Il ne s'aperçut de sa distraction qu'à cent lieues en mer. Un domestique du roi des Mines trouva l'album oublié et le donna au prince et à la princesse qui s'en divertirent beaucoup; mais cet album devint pour leur père un véritable sujet de persécution. Ses chers enfants avaient rêvé, s'en douterait-on? ils avaient rêvé : le petit Cristallin, un chiffonnier; la petite Perle-Fine, un mendiant : un chiffonnier et un mendiant en chair et en os; et cela, parce qu'ils avaient remarqué ces deux personnages dessinés dans l'album. Jusqu'alors, ces petits princes n'avaient vu autour d'eux que des seigneurs en or et en diamants. Des personnages en loques, portant hotte et besace, étaient une nouveauté dont ils voulaient absolument avoir la fantaisie. Les petits princes se lamentaient du matin au soir, pleuraient sans cesse après leur chiffonnier et leur mendiant. Ils cassaient tout dans le palais, battaient les domestiques, tiraient la langue au ministre qui osait se permettre une remontrance et inviter Leurs Altesses à plus de sagesse. Ils eurent un accès de fièvre qui mit tout le palais sens dessus dessous. Le bon roi des Mines ne savait que devenir. Les chiffonniers et les mendiants ne fleurissaient pas dans ses États. Le pauvre monarque perdait la tête. Il aurait donné son manteau d'or pur pour un chiffonnier, et sa couronne de pierreries pour un mendiant. Qu'avons-nous de plus cher au monde que nos enfants ! s'écriait ce bon roi avec désespoir. La reine pleurait en voyant son mari si désolé et ses marmots si malheureux. Le médecin déclara que si le vœu des princes n'était pas au plus tôt satisfait, il ne répondait plus de leur existence. Les courtisans poussèrent des cris de douleur suspecte. Ce médecin était un vieux coquin qui, sans déplaire au roi, trouvait bon de se tenir en règle envers l'héritier présomptif. Le roi des Mines, effrayé de cette terrible sentence, réunit son conseil au plus vite, pour qu'il eût à délibérer sur cette grave matière : le mendiant et le chiffonnier. Les ministres assemblés, le roi prit la parole ainsi :

« Messieurs,

« Ce n'est pas en souverain que je vais vous parler,
« mais en père, en père dont le cœur est affligé. Depuis longtemps déjà, le deuil est à ma cour. Tout le
« monde y est triste à cause de moi. Je remercie aussi
« mon bon peuple qui prend sa part de mes douleurs.
« Notre cœur se trouble en songeant que la mort de
« nos enfants plongerait le royaume dans la perturba-
« tion, en ouvrant la porte à toutes les prétentions,
« factions et ambitions dont ce bon peuple souffrirait
« infiniment. C'est pour conjurer l'orage qui menace

« ce royaume que je vous réunis autour du trône.
« Avisons ! »

Le roi expliqua ensuite la maladie du prince et de la princesse, et la cause de cette maladie, et demanda à quel moyen on aurait recours pour les guérir.

Le ministre de la justice, personnage qui voyait tout en noir, penchait pour une correction salutaire. Il était d'avis, en lui-même, qu'on employât les verges. Mais cherchant à pénétrer la pensée du roi, et comprenant qu'un avis si hardi ne serait pas goûté à la cour, qu'une prompte disgrâce pourrait suivre son conseil, il garda le silence à propos des verges salutaires, et finit par conclure qu'il fallait au plus tôt satisfaire le prince et la princesse.

Le ministre de la police prit la parole :

— Sire, dit-il, je partage l'avis de M. le ministre de la justice ; il faut satisfaire les princes, rassurer Vos Majestés, sauver l'Etat.

Le front du bon roi des Mines s'illumina d'un éclair de joie.

— Seulement, ajouta le ministre de la police, il y a à cela une difficulté : c'est qu'il n'y a point de mendiants dans vos États, et qu'on ignore ce que c'est qu'un chiffonnier.

Ceci était pour la flatterie.

Le front du bon roi devint sombre.

— Comment ! dit-il, pas de mendiants chez nous ! pas de chiffonniers ! A quoi songent donc nos ministres ? et que vont devenir les princes par suite d'une telle incurie ?

Les ministres étaient dans la consternation. En effet, qu'allaient devenir le petit Cristallin et la petite Perle-Fine ?

— Si nous faisions un décret? dit le roi.

Ceci ne parut pas d'une haute politique aux yeux des ministres. Le roi néanmoins mit la question aux voix. Les avis furent partagés. Sa Majesté allait, sans doute, recourir à des moyens extrêmes, lorsqu'un officier vint lui annoncer qu'une foule d'étrangers venaient d'arriver dans ses États, et qu'on les voyait occupés à ramasser les parcelles d'or que Son Altesse laissait tomber sur les monts et dans les sables en secouant son royal manteau. Parmi ces fous, ajouta l'officier, on nous assure avoir vu un chiffonnier et un mendiant.

A cette nouvelle, le roi leva la séance; le conseil se sépara avec agitation. Le ministre de la guerre creva un cheval pour avoir l'honneur d'annoncer le premier cette bonne nouvelle aux jeunes princes. Cristallin et Perle-Fine, en apprenant cela, se roulèrent de joie dans le palais, bondirent, et firent cent culbutes indignes de leurs graves Altesses.

III.

Pendant ce temps-là deux aventuriers, chercheurs d'or, causaient au pied d'une montagne aurifère. L'un disait :

— Dis donc, compère mendiant, qu'allons-nous faire de cette fortune? J'espère qu'à l'avenir on ira mendier en carrosse et que l'on aura la délicatesse de refuser les centimes.

— Si les honneurs sont aussi clairvoyants que dame Fortune, on ne tardera pas à te nommer monsieur du Croc, du Croque! disait l'autre en riant aux éclats.

Cependant une soif ardente vint surprendre nos aventuriers au milieu de leur jubilation. Ils songèrent à revenir au port. Mais, dans leur ignorance de la localité, ils se mirent en marche en sens contraire, s'enfonçant de plus en plus dans les plaines sablonneuses et complétement inhabitées. La faim ne tarda pas à s'en mêler. Le soleil dardait affreusement, et, pour comble de maux, pas une feuille d'arbre, pas un brin d'herbe, pas un pouce d'ombre, pas une goutte d'eau autour d'eux. Vers le soir, ils arrivèrent exténués dans une chaîne de montagnes dont ils ne purent sortir. Plus ils marchaient, plus les monts s'élevaient et se multipliaient devant leurs pas ; le désespoir commençait à s'emparer de nos voyageurs ; la soif n'y allait pas de main morte. Hotte et sac commençaient à leur paraître bien lourds. Cependant, ayant rencontré un peu d'ombre dans la gorge d'une montagne, ils se reposèrent un moment. Ils se faisaient part de leurs inquiétudes mutuelles, de ce qui allait arriver, si le ciel ne les prenait en pitié.

— Nous serons la proie des bêtes féroces, disait le chiffonnier.

— Ou des brigands qui rôdent dans ces parages, répondait le mendiant, lequel ne pouvait se consoler de mourir de faim quand il possédait sa charge d'or.

Ils en étaient là, lorsqu'ils entendirent des cris d'enfants terribles qu'une voix d'homme cherchait en vain à calmer ; puis des lamentations extraordinaires poussées par une foule réunie. Ils collèrent l'oreille à terre, écoutant attentivement quel pouvait être et d'où pouvait venir ce bruit singulier. Les voix des enfants disaient :

— Si ! nous voulons mourir. Nous allons, mon frère

et moi, moi et ma sœur, nous jeter dans l'étang, nous noyer, si on ne nous donne pas tout de suite mon mendiant, mon chiffonnier.

— Chers petits, prenez donc patience, répondait la voix masculine, on va vous les amener.

— Nous allons nous jeter dans la cuve où l'or bout.

— Dans la fournaise où cuisent les diamants, hurlaient les voies enfantines.

— Cher petit Cristallin, bonne petite Perle-Fine, écoutez la voix de votre père qui vous aime, s'écriait l'homme.

Puis une foule qui se lamentait et s'exhalait en invocations :

—Hélas! qui donc prendra pitié des enfants du bon roi des Mines! Faites, ô mon Dieu! qu'ils aient au plus tôt leur chiffonnier et leur mendiant, ces chers petits princes!

Nos deux chercheurs d'or se regardèrent avec étonnement. Chacun d'eux semblait se dire : Rêvons-nous? Ils sentirent la montagne tressaillir. Ils levèrent la tête et virent un rocher énorme tourner sur lui-même. Le rocher s'arrêta, faisant une ouverture immense d'où sortirent plusieurs cavaliers tout luisants d'or de la tête aux pieds.

— Nous sommes perdus! s'écria le chiffonnier.

Ce cri fut cause que les cavaliers tournèrent la tête vers la vallée où nos deux compagnons étaient comme blottis et qu'ils y furent aperçus. La troupe, à cette découverte, poussa un tel hourra que cent échos le redirent à la fois. En un moment, nos deux voyageurs furent enveloppés avant qu'ils eussent songé à fuir.

« Voilà les brigands! » pensa le mendiant.

Le capitaine de la troupe, qui avait une cuirasse d'or et un soleil de diamants sur la poitrine, mit pied à [t]erre, fit faire halte à ses soldats, et s'avança avec po[l]itesse vers les deux étrangers en leur disant :

— Beaux étrangers, levez-vous ; veuillez avoir la [b]onté de me suivre à la cour du bon roi des Mines, où [v]ous êtes attendus avec la plus vive impatience.

Après quoi il s'inclina respectueusement jusqu'à [te]rre, invitant nos deux émigrés, étonnés, à monter [s]ur un magnifique coursier. La troupe brandissait les [s]abres avec de grandes démonstrations de joie. Et, [s]ans trop songer à ce qu'ils faisaient, le mendiant [m]onta sur le cheval avec son sac et le chiffonnier avec [s]a hotte. Le capitaine tenait la bride et marchait à [p]ied. On entra dans la montagne ouverte ; le rocher [t]ourna de nouveau derrière la cavalcade qui se trouva [a]insi enfermée. Le capitaine envoya une estafette au [r]oi pour l'avertir de sa découverte. Voilà nos hommes [e]n route au milieu de souterrains éclairés seulement [p]ar les diamants qui tapissaient les murailles. Ils arrivèrent à une espèce de rond-point où une source ré[p]andait en torrents une onde cristallisée. A cette vue [l]e mendiant s'écria :

— Capitaine, à boire !

— A boire ! répéta le chiffonnier.

Le capitaine détacha une coupe d'argent qui pendait [a]u bord d'un grand bassin élevé, prit un beau citron [d]ans une corbeille, le pressa dans la coupe et l'offrit, [la] tête découverte, aux deux aventuriers ébahis.

— Ces soldats ne manquent pas d'humanité, dit le [c]hiffonnier au mendiant.

Enfin, une grille en or s'ouvrit ; ils débouchèrent [su]r une place immense ; des troupes innombrables y étaient rangées en ligne de bataille; à leur aspect, une musique éclatante frappa les airs, les tambours battirent aux champs, et des milliers d'acclamations retentirent soudain. Le roi en personne vint recevoir ses hôtes et leur dit :

— Béni soit le Prophète! qui me permet de contempler ici la face sereine de deux sages.

— Nous sommes à Charenton, s'écria le chiffonnier.

— Cela se pourrait bien, répondit le mendiant.

— Souffrez, continua le roi, souffrez, illustres étrangers, que je vous présente la reine!

La reine s'avança, brillante comme un soleil. Nos deux aventuriers en furent éblouis. Ils mirent pied à terre. Alors deux petits enfants, que l'on avait contenus avec peine, se jetèrent au cou de nos sages en s'écriant :

— Sont-ils gentils! sont-ils gentils!

Le chiffonnier, qui aimait beaucoup les enfants, voyant un petit garçon joufflu et blond lui sauter aux jambes avec gaieté, prit le prince dans ses bras et lui rendit ses embrassements de tout cœur. Le mendiant en fit autant de son côté avec la petite Perle-Fine. Le bon roi des Mines versait des larmes d'attendrissement. On débarrassa nos deux chercheurs d'or de la hotte et du sac, puis on dîna. Le chiffonnier beugla toutes les chansons stupides et triviales qui courent les rues avec tant de succès. Le mendiant nasilla quelques airs de vieilles complaintes. La cour, enchantée, trouva que le mendiant avait infiniment d'esprit, et que le chiffonnier était doué d'une gaieté extraordinaire. Les petits princes s'amusaient considérablement. Les courtisans feignirent d'en être ravis. Le chiffonnier, enhardi par le vin', encouragé par ses succès, offrit *la goutte* au roi. Le mendiant invita la reine à lui verser à boire. Le maître des cérémonies ayant fait observer que cela n'était pas dans les règles de l'étiquette, le chiffonnier se leva pour jeter l'observateur par la fenêtre. Le mendiant voulut s'en aller, sous prétexte qu'on insultait à sa dignité. Les petits princes, voyant que l'on fâchait leurs marionnettes, se mirent à jeter les hauts cris. Les courtisans prirent parti pour les deux hôtes inviolables; mais les enfants terribles ne consentirent à se calmer qu'à la condition que le maître des cérémonies s'humilierait; ce que le pauvre homme fit sur l'heure. Le roi cependant aurait bien voulu que cet incident n'arrivât pas. La reine en était toute contrariée.

On se lasse de tout, même d'un bon repas. On quitta la table pour courir au lit; nos deux aventuriers furent conduits triomphalement dans une chambre du palais, selon le vœu du petit Cristallin et de la petite Perle-Fine.

— Hélas! disait le président du conseil avec un gros soupir, que deviendra l'État, si les enfants gouvernent!

IV.

Le lendemain deux beaux enfants, chantant et sautillant, entraient sans façon dans la chambre de nos deux aventuriers et disaient :

— Bonjour! bon chiffonnier.
— Bonjour! bon mendiant.

Ces enfants étaient le petit Cristallin et la petite Perle-Fine.

— Bonjour, mon cher petit prince.

— Bonjour, ma jolie petite princesse, repondaient nos deux aventuriers avec bonhomie et leur baisant les mains.

— Bon chiffonnier, dit le petit Cristallin, j'ai mon équipage qui nous attend à la porte ; viens, nous allons courir un peu par la ville.

— Bon mendiant, dit la petite Perle-Fine, une calèche nous attend ; viens vite, nous allons courir un peu par la ville.

Le mendiant et le chiffonnier firent ce que voulurent les enfants ; seulement chacun roula de son côté.

Le mendiant parcourut donc la ville. En chemin, il fit arrêter les chevaux au pied d'un monument sinistre où flottait un drapeau noir, signe de deuil et de désolation. Au fronton de ce monument, un mot triste et touchant était profondément gravé. Ce mot était celui-ci : — HÔPITAL.

Le mendiant s'écria, en allant de salle en salle et tenant Perle-Fine par la main :

— Bonnes gens! saluez votre jeune princesse, la fille du bon roi des Mines.

— Oui, répétait la petite princesse, je vous aime, bonnes gens qui souffrez. Je viens donner des ordres pour que l'on vous offre de bons consommés et du vin de Bordeaux. Prenez courage, bonnes gens qui souffrez, la princesse Perle-Fine a les yeux sur vous!

Un concert de bénédictions accueillit ce petit discours de la jolie princesse, discours que son compagnon lui avait appris en route, en la prévenant qu'il voulait lui faire visiter un lieu de souffrances ignoré par les enfants des rois.

Comme ils passaient près d'un jardin public, Perle-

Fine vit des petites demoiselles qui dansaient en rond et s'amusaient beaucoup. Elle mit lestement pied à terre, alla danser en rond et jouer à *pain-pandor ;* une petite fille la reconnut, la dénonça à ses compagnes, et chacune, dans sa joie, voulut embrasser la jolie princesse, qui n'était pas fière du tout. Quant au chiffonnier, il passa près d'une usine où des hommes demi-nus frappaient sur une enclume sonore à l'aide de lourds marteaux, en broyant et triturant des barres de fer rouge que d'autres retiraient des forges ardentes.

— Braves gens, dit le chiffonnier en pénétrant avec le petit Cristallin dans ce lieu d'enfer, saluez votre jeune prince, le fils du bon roi des Mines.

Marteaux, soufflets et forges firent silence.

— Oui, répétait le petit Cristallin, je vous aime ; ayez bon courage, braves gens qui travaillez ; je vais diminuer le prix du vin dont vous avez besoin pour entretenir vos forces, et celui de la chair dont vous avez besoin pour l'existence de vos familles. Ayez bon courage, braves gens qui travaillez, le prince Cristallin aura toujours les yeux sur vous !

Mille acclamations retentissantes accueillirent ce discours du prince, discours que le chiffonnier lui avait appris, en lui annonçant qu'il voulait lui faire visiter un lieu de rudes labeurs, ignoré par les enfants des rois. Au retour, Cristallin vit des petits garçons qui jouaient au *cheval fondu.* Il descendit de voiture et se mêla à leurs jeux. Les enfants le reconnurent ; alors les petits garçons s'écrièrent :

— Vive notre charmant petit prince ! qui n'est pas fier du tout.

Le prince et la princesse, ce jour-là, rentrèrent au palais gais comme des pinsons.

Le ministre de la police crut utile d'avertir son maître de tout ce qui se passait; le bonhomme de roi en fut ravi, ce qui étonna beaucoup son ministre. Le roi, même, fit demander les deux étrangers en cachette, pour les consulter sur une grave affaire.

V.

— O sages! leur dit-il, vous voyez un père dans la désolation des désolations : mes enfants me tyrannisent d'étrange sorte; ils se sont mis en tête une idée incroyable; ils nous menacent, ma femme et moi, de se laisser mourir de faim si nous ne consentons à les satisfaire. Les petits coquins en sont capables, disait le bon roi avec douleur; je suis bien malheureux, en vérité, d'aimer tant ces méchants vauriens-là!

— De quoi s'agit-il, Sire? dirent nos aventuriers.

— Ils veulent un bal, répondit le roi.

— Eh bien! donnez-le-leur, Sire.

— Un bal de paillasses! continua le roi.

— Eh bien! Sire, faites-le.

— Un bal où l'on fera la culbulte, en entrant, sur un tapis à terre.

— Il n'y a pas de mal à cela, Sire, répondirent nos aventuriers en riant.

— Un bal composé des plus notables personnes de mon royaume! s'écria le roi.

— Comme de juste, Sire!

— Mais personne n'y viendra! fit le roi avec désespoir.

— Essayez, Sire.

VI.

Huit jours après, le bal s'ouvrait. La crainte du bon roi était qu'il n'y vînt personne; mais, ô bonheur inespéré! la cour du palais, vers le minuit, fut encombrée d'équipages à tous les degrés. Le premier personnage qui se présenta fut un vieil émir. Il était parfaitement costumé dans une toile à raies bleues et couleur lie de vin.

— Saute, paillasse! lui crièrent les petits princes.

Le vieil émir sauta. Vint ensuite un grave conseiller.

— Saute, paillasse! lui crièrent les petits princes.

Et il sauta. Vint après un saint derviche, qui le croirait?

— Saute, paillasse! lui dirent les petits princes.

Et il sauta, le pauvre homme!

Poëtes, savants, artistes, gens de lettres, journalistes et critiques accoururent en foule, et chacun d'eux sauta que c'était merveille.

Au fait, quand on donne son sang pour son prince, pourquoi ne sauterait-on pas pour le faire rire?

Le fait est que le bon roi des Mines ne se sentait pas de joie, et que le petit Cristallin et la petite Perle-Fine riaient, riaient, que cela faisait plaisir à voir et donnait au plus grave l'envie de sauter. La reine souriait sous un large éventail.

Pourtant nos aventuriers grognaient dans leur barbe et disaient :

— Si j'étais roi, je chasserais de mon palais tous ces gens qui sautent.

Le roi en eut comme un vague désir; la preuve,

c'est qu'il fit demander à son ministre de la justice le nom de ceux-là qui avaient refusé de sauter, les tenant en grand estime, disait-il, et dignes de la confiance d'un monarque.

Nos aventuriers profitèrent d'un moment où le prince était un peu isolé de la foule pour lui parler.

— Sire! dit le mendiant en se penchant à l'oreille gauche du roi, Sire! la petite princesse veut absolument que vous adoptiez comme vôtres les enfants sans père et sans mère de votre royaume.

— Sire! dit le chiffonnier à l'oreille du roi, Sire! le jeune prince veut absolument que vous bâtissiez une grande maison pour y loger, nourrir, vêtir les vieillards et infirmes de tous les métiers.

— O enfants capricieux! s'écria le roi; faudra-t-il donc tout vous céder par tendresse paternelle! Avez-vous donc juré d'empoisonner mes derniers jours! N'est-ce pas assez, pour vous plaire, enfants gâtés, de sottises comme cela!

Et le pauvre homme se désolait.

VII.

Mais, à quelque temps de là, le bon père apprit, avec surprise, qu'une opinion généralement adoptée dans son royaume, était que Dieu avait envoyé deux anges au bon roi des Mines.

Et que les enfants ont infiniment d'esprit!

LE BONHOMME GOUTTE-D'OR

LE
BONHOMME GOUTTE-D'OR

I.

En 18.., je visitai une des pauvres maisons d'un village dont le maître n'était plus. La grande porte, s'en allant morceau par morceau, avait fini par tomber, puis disparaître. La margelle du puits gisait à terre dans une cour en désordre. A peine mon pas eut-il franchi les deux ou trois degrés chancelants de la maison, que quatre petits enfants en haillons, chétifs et d'une physionomie inquiète, s'offrirent à ma vue. Ils mordaient à même dans un morceau de pain noir et dans une pomme.

Ces enfants déjeunaient.

Au coin de l'âtre, sous le manteau de la cheminée et comme accroupie dans les cendres, une pauvre vieille de près de quatre-vingts ans grelottait auprès de quelques feuilles de noyer qui fumaient plutôt qu'elles ne brûlaient. L'horloge, réveille-matin du chaume, s'était arrêtée depuis longtemps. Le poulailler était vide, la cave et la grange à peu près désertes. Une vache cependant survivait : la pauvre vieille pouvant encore la mener paître et faire de l'herbe.

En face de tant d'abandon, de ruines, de misères, mon cœur se fendit et je versai des larmes. Les enfants, que je pressai dans mes bras, ne durent rien comprendre à mes paroles quand je m'écriai :

— Pauvres petits! le sort me punit cruellement, car je ne puis rien pour vous.

Les premières paroles de la pauvre femme, lorsque je me fus fait connaître, furent celle-ci :

— Hélas! mon pauvre garçon, on voit bien qu'il n'y est plus.

En effet, il y avait dix ans déjà que mon grand-père reposait dans le petit cimetière de l'endroit. Cette maison était celle où j'avais passé les premiers jours de mon enfance. J'y retrouvai encore, après bien des années d'absence, mon petit escabeau, taillé dans un tronc d'arbre par mon grand-père, mon grand lit et la mée nourricière, une bonne femme vieille et misérable, quatre malheureux de plus, quatre orphelins. Et à quelques pas de la maison, une pierre tumulaire sur laquelle on lit :

François Remy, cultivateur, décédé à l'âge de 79 ans.

Il y en avait plus de soixante que mon grand-père travaillait. Personne n'était plus tôt debout et plus tard aux champs. Que de fois l'ai-je vu aux jours d'été, harassé de fatigue! que de fois ai-je jeté dans l'âtre, où grelotte sa pauvre femme, une brassée de sarment pour sécher ses habits trempés de sueur! Que de fois, travaillant pour le compte d'un fermier, il a faidamner ses compagnons par sa vigueur à l'ouvrage, son activité! Toujours le premier à la fin du sillon, toujours le premier à aider les autres. On s'en souvient encore dans le village de Soucy.

Mon grand-père faisait partie de la catégorie des propriétaires-cultivateurs, c'est-à-dire de ceux-là qui cultivent leurs biens eux-mêmes, aidés toutefois de leur famille, évitant sagement le notaire pour éviter la ruine. Mais, étant mort sans héritiers mâles, ses biens pourrissaient dans l'abandon. Les faire cultiver, c'était emprunter; emprunter, c'était l'hypothèque; l'hypothèque, la vente des biens, la mendicité.

Faute de moyens et de résolution, la famille du cultivateur-propriétaire mourait de faim à côté de ses terres incultes.

En vain ils invoquaient, dans leurs prières du soir et du matin, la protection du *bonhomme Goutte-d'Or*, le *bonhomme Goutte-d'Or* n'apparaissait pas, ne répondait pas. Le *bonhomme Goutte-d'Or* entrait dans les beaux châteaux, couverts d'ardoise; dans les maisons bâties en brique rouge de Bourgogne; dans les grandes fermes; mais il paraissait aveugle pour le chaume. Cependant quelques malheureux se vantaient de l'avoir vu, de lui avoir parlé, d'avoir reçu quelques-unes de ces gouttes d'or qu'il répandait si mystérieusement sur son passage.

On les appelait gouttes d'or, parce qu'en tombant à terre elles ressemblaient à une goutte de rosée, et qu'ensuite elles se transformaient en petite monnaie sous le regard, ou, ce qui est mieux, sous la main de celui que le *bonhomme Goutte-d'Or* voulait enrichir ou soulager.

On prétend que le *bonhomme Goutte-d'Or* faisait des

quêtes à l'Église, dans les banquets, dans les bals, à domicile, partout, et qu'à l'aide d'un mot mystérieux il obtenait ce qu'il demandait. Son apparition dans les châteaux, dans les maisons en brique rouge de Bourgogne, et dans les grandes fermes, n'avait pas d'autres motifs. Quoi qu'il en soit, tout cela est fort énigmatique. Car, bien que le *bonhomme Goutte-d'Or* existât réellement, personne ne le connaissait. Cependant une foule d'histoires sur sa bienfaisance couraient dans le pays.

Voilà pourquoi ma grand'mère et ses petits-enfants l'invoquaient dans leurs prières.

II.

Un soir d'hiver, sa petite-fille Brigitte, jolie fille de dix-sept ans, pleurait silencieusement au coin de l'âtre ; ma grand'mère occupait l'autre coin de la cheminée, et comme Brigitte se mouchait souvent, essuyait souvent ses yeux, ma grand'mère leva lentement la tête et lui dit :

— Tu pleures, Brigitte ?
— Oui, bonne maman, répondit la jeune fille.
— Tu t'ennuies avec ta pauvre grand'mère ?
— Oh ! non.
— Tu n'es pas malade ?
— Non.
— Tu ne souffres pas alors ?
— Non, bonne maman.
— Ma grand'mère garda un moment le silence, comme pour rappeler de lointains souvenirs. Brigitte pleura plus fort. Ma grand'mère reprit la parole :

— Tu souffres et tu n'es pas malade. Serait-ce, mon enfant, que tu aimes un garçon du village?

— Oui, bonne maman.

— Eh bien! mon enfant, il y a un remède à cela. Je te sais trop sage pour qu'il en soit autrement, n'est-ce pas, ma fille?

— Oh! oui.

— Qu'il vienne donc chez nous. Si c'est un honnête garçon, nous vous marierons. Voyons, quel est ce beau garçon que nous aimons, comment le nommons-nous?

— Jacques Dupré, bonne maman.

A ce nom, ma grand'mère tressaillit de terreur sur sa vieille chaise de bois et secoua la tête : Jacques Dupré était riche, il n'y avait pas de probabilité que son père consentît jamais à ce mariage, joint à cela qu'il était fort avare, le père Dupré.

— Tu as mal placé ton cœur, ma pauvre Brigitte, lui dit alors ma grand'mère, en tisonnant le brasier.

— C'est bien pour ça que je pleure, lui répondit Brigitte. Jacques m'a quittée tout à l'heure en pleurant aussi. Son père ne veut pas qu'il se marie; il dit qu'il est trop jeune.

— Trop riche, mon enfant, fut le dernier mot de ma grand'mère.

— Je crois tout de même que c'est ça, fut le dernier mot de Brigitte.

III.

C'était un jour de Noël, par un beau clair de lune; le gros fermier Dupré s'étant attardé à la ville, revenait au village comme minuit sonnait, avec Durand son notaire. Tout en causant d'affaires, ils cheminaient sur la route qui conduit au petit village de Soucy, laissant le bois de Moutard à leur doite, Joincy à leur gauche. Tout à coup la jument qui portait Dupré s'arrêta court; le cheval du notaire dressa les oreilles et souffla fortement, jetant des flammes par les naseaux. Le notaire et le fermier Dupré frappaient leurs bêtes à qui mieux mieux, les bêtes tremblaient sur leurs jambes et n'avançaient pas.

— La grise a peur, dit le fermier Dupré, en s'adressant au notaire.

— Mon bidet tremble comme la feuille, répondit le notaire.

— Est-ce que nos montures auraient quelques diables ou loups-garous dans l'imagination? dit le fermier en ricanant hautement et longuement.

Son ricanement fut répété dans le bois voisin.

— Bah! peut-être que ces pauvres bêtes croient aux revenants, et qu'elles s'imaginent en voir devant elles, répondit le notaire.

Le fermier et le notaire se mirent à rire plus fort.

Ce rire fut répété encore une fois dans le bois de Moutard.

— Avez-vous entendu, monsieur Durand?

— Quoi donc? répondit le notaire.

— Ce rire dans le bois?

— C'est vrai, voisin André, il m'a semblé...

Ils prêtèrent un moment l'oreille, et ils entendirent le bruit d'une pioche qui retentissait dans la vigne de feu François Remy, laquelle vigne était située entre le bois et la route.

— Voici qui m'étonne, fit le père Dupré.

— C'est singulier, en effet, répondit le notaire. On

dirait comme quelqu'un qui travaille dans cette vigne. Plus de doute, ajouta le notaire, c'est l'âme de feu François Remy.

Et il se mit à rire aux éclats. La forêt se mit aussi à rire aux éclats. Le père Dupré devint pâle, cette fois. Le notaire regarda le fermier avec une légère émotion, qu'il tâcha de dissimuler.

— C'est quelqu'un qui se moque de nous, à moins que ce soit l'écho, dit-il.

Cependant les chevaux tremblaient et suaient de peur, que ça faisait frémir.

— Il y a là, monsieur Durand, quelque chose qui n'est pas naturel, dit le père Dupré.

La pioche mystérieuse redoubla de bruit, rencontra des cailloux. Mille étincelles s'élevèrent soudainement sous les coups de la pioche et moururent subitement.

— Avez-vous vu ces feux, là-bas dans la vigne? s'écria Dupré, blême de terreur.

— Sans doute des feux follets, répondit le notaire.

Le bruit et les feux continuant, ils attachèrent le bidet et la jument à un arbre, puis ils s'avancèrent résolûment vers le point d'où cela partait.

C'est alors qu'ils aperçurent un vieillard, qui piochait, piochait courbé dans la vigne, rejetant à droite et à gauche les mottes de terre qu'il cassait sous ses sabots remplis de paille. La froidure était grande, mes bonnes gens, la sueur cependant inondait les joues pâles et creuses du vieillard.

— Holà! bonhomme, que fait-on là, dans cette vigne? lui cria le fermier Dupré. Sortez-en tôt, ne vous inquiétez pas de notre bien, s'il vous plaît, nous saurons bien le cultiver sans vous.

Le grand vieillard se redressa à cette injonction du fermier, demeura immobile, tourna lentement ses regards vers le père Dupré et Durand : deux charbons rouges brillaient dans sa figure blanche. Était-ce la peur qui leur peignait ce vieillard ainsi? était-ce réel? on ne l'a jamais su. Le vieillard leur dit alors d'une voix lamentable :

— Votre bien, voisin Dupré! ce n'est donc plus le bien de Pierrette, la femme de François Remy.

— Cette vigne, grevée d'hypothèque, après la mort de François Remy, devient demain ma propriété, sa veuve ne pouvant payer à l'échéance de sa dette.

— Bon voisin Dupré, répondit le vieillard, ne pourriez-vous accorder quelques jours encore à la veuve du vieux Remy?

Le fermier consulta le notaire du regard.

— Non! répondit le notaire.

— Voisin Dupré, n'achetez pas la vigne de la veuve et l'héritage des orphelins, cela vous porterait malheur. Attendez, attendez.

— Qui donc êtes-vous? reprit le fermier dont les dents claquaient de terreur.

— Regardez-moi, répondit le vieillard immobile.

— Si je m'en rapporte à ce sarrau de toile blanche, à ce gilet rouge, ainsi qu'à ces guêtres grises, vous seriez..... mais non, il est mort, bien mort..... vous seriez.....

— Le *bonhomme Goutte-d'Or*, répondit le vieillard.

A ce nom, le fermier poussa un cri d'effroi, courut à sa jument, l'enfourcha et s'enfuit au galop. Le notaire le suivit, faisant mine de le rassurer, mais frappé au fond : la peur est de nature communicative. Ils crurent entendre des sifflements dans l'air et les chênes de la forêt s'entrechoquer fortement.

Le coq chanta à la ferme voisine. Le grand vieillard laissa la vigne dont il embrassait la terre.

— O! terre qu'il a tant remuée, tant arrosée de sueur, tant façonnée et fumée! serait-il vrai, bonne mère, que tu n'appartiens plus à la veuve de ton pauvre Remy? Bonne vigne qu'il a plantée, taillée, sarclée avec tant de peine et de plaisir. Beaux plants de roi! les enfants de Remy ne pourront mordre, à l'automne, dans une de vos grappes, sans être appelés voleurs! Maudits soyez-vous, passants qui m'annoncez une telle nouvelle. Je croyais féconder le bien de la veuve, et je n'ai fécondé que le champ de l'usure.

Les coqs se répondaient de ferme en ferme; le *bonhomme Goutte-d'Or* sortit de la vigne et s'enfonça dans la forêt.

IV.

En entrant chez lui, le premier soin du fermier fut de raconter l'aventure à sa femme. A ce récit, la femme tomba à genoux et se mit à prier Dieu, après quoi elle dit à son mari :

— Je crois, mon cher homme, qu'il y a quelque mauvais sort qui se prépare contre nous. Depuis longtemps déjà ne voyez-vous pas que notre garçon pâlit et maigrit à vue d'œil? Il est triste, paraît réfléchir, ne parle pas, soupire, mange à peine, fuit ses amis et ses camarades pour aller on ne sait où.

— Pour aller on ne sait où? fit Dupré avec un geste de colère. Votre gars quitte la maison pour aller courir les champs avec la fille Brigitte...

— Une jolie fille, ma foi.

— Ah! peste de sa beauté de sorcière, fit le fermier avec humeur.

— Et sage, notre homme.

— Oui, sage et belle. Je vous conseille, notre femme, de la demander en mariage pour notre fils.

— Ça ne serait peut-être pas une mauvaise affaire pour la famille.

— C'en serait une, notre femme, attendu que la petite n'aura pas seulement une vache en mariage, pas un épi de blé, pas un grain de raisin, pas un pouce de terre. Ça n'a pour toute richesse, quoi? qu'un cotillon usé et que l'eau du puits.

— Brigitte est intelligente, travailleuse, orpheline, c'est vrai, mais elle nourrit sa grand'mère, ses frères et sœurs de son travail, ne va jamais à la danse avec les garçons, et s'occupe sans cesse du soin du ménage. Elle a de l'ordre, elle aura de l'économie. Elle est sage, elle aimera ses enfants. En aimant ses enfants, elle sera bonne pour son homme et ne le trompera pas.

— C'est donc à dire que vous en tenez aussi pour la petite? reprit le fermier avec colère.

— Je conviens que je me monte un peu la tête pour donner de bonnes raisons à ma peur... Oui, notre homme, j'ai peur, fit la fermière en se rapprochant de son mari et plongeant un œil inquiet sur la vitre de la croisée qui donnait sur la rue.

— Peur! de quoi? répondit le fermier.

— Nous sommes menacés de grands malheurs, notre homme, ajouta tout bas la fermière.

Dupré jeta un regard troublé sur la vitre qu'indiquait sa femme, en disant:

— Voyons, parle donc! qu'est-ce que c'est?

— Un peu avant que vous n'entriez, vers les onze heures enfin, j'ai entendu comme quelqu'un crier sous notre fenêtre : « Je vous en prie, bon voisin Dupré, « écoutez-moi : la petite Brigitte est bien malheu- « reuse. Elle aime Jacques, votre fils, vous le savez, « et vous le lui refusez en mariage. Prenez garde ! qui « fait le mal se porte malheur ! Jacques aime Brigitte, « ne vous opposez pas à son mariage, vous feriez une « mauvaise action.

« Qui fait le mal se porte malheur !

« Bons voisins, n'attirez pas le désespoir chez la « veuve Remy et le deuil chez vous. Le deuil y entrera « si vous refusez à Jacques la main de Brigitte. » Qui donc êtes-vous? lui demandai-je. Il me répondit : Le *bonhomme Goutte-d'Or*.

— Allons donc, femme, tu me fais un conte.

— Oh ! que non pas, notre homme ; la preuve, c'est qu'en m'avançant pour répondre, je vis là, en face de cette fenêtre, au pied du mur blanc de M. Courtigis, un homme agenouillé, un grand vieillard, à ce qu'il m'a semblé. Ses cheveux lui cachaient presque le visage. Il était vêtu d'un sarrau de toile blanche, d'un gilet rouge, et avait aux jambes des guêtres grises, aux pieds des sabots, dans ses sabots de la paille. Par ma foi du bon Dieu, on aurait juré que cet homme était défunt François Remy.

— Voilà qui m'étonne bien, pensait le fermier en lui-même.

— Femme, dit-il alors, j'ai une pensée. Je crois bien que ce vieillard est l'âme en peine de notre voisin Remy.

— Je le pensons aussi. Quand je lui eus dit : Nous tâcherons de toucher le cœur de notre homme pour qu'il fasse le bonheur de ces chers enfants, il leva la tête vers moi, me regarda avec des yeux qui ressemblaient à des charbons ardents, puis il s'écria d'une voix creuse, sourde et allongée : Merci, voisine! Je fis un grand signe de croix, et je ne vis ni n'entendis plus rien.

— Tu as eu tort, femme, de t'engager, cependant.

— Dame, écoutez donc, notre homme, s'il s'agissait de la vie de mon garçon...

— C'est égal !

— De la vie de votre Jacques, cela en vaut bien la peine. Voyons, notre homme, avant de nous mettre au lit, que décidez-vous? Si elle revenait, cette âme en peine, il faudrait bien lui répondre.

— Femme, nous verrons ça demain, au jour. Couvre l'âtre et dormons.

Et tout en dégrafant ses guêtres de cuir, le fermier disait :

— Hein !.. il y a quelque diablerie là-dessous.

V.

Ma grand'mère, depuis fort longtemps, ne dormait plus guère. Cette nuit-là, elle songeait à son pauvre homme, mort depuis longtemps déjà, à sa vigne qu'on allait vendre, puisqu'elle ne pouvait lever l'hypothèque, à ses enfants, si nus, si malheureux, à Brigitte si désolée, et la pauvre vieille trouvait encore une larme dans sa paupière pour pleurer leurs maux, quand tout à coup elle entendit comme les pas de plusieurs vaches et le bêlement d'un troupeau de moutons traverser la cour; puis quelqu'un qui ouvrait l'étable, et qui s'écriait : Allons, blanchettes, mes belles, allons, entrons là; puis les jappements d'un chien qui poussait des brebis dans la bergerie qu'on venait d'ouvrir aussi. Ma grand'mère écarta ses rideaux comme pour descendre du lit et aller voir ce qui se passait dans la cour. Elle s'arrêta soudain. La lune donnait en plein dans la maison. Ma grand'mère alors vit distinctement un vieillard qui, courbé sur la mée, comptait silencieusement des pièces d'argent qu'il rangeait en piles. Ce grand vieillard était vêtu d'un sarrau de toile blanche, d'un gilet rouge; il avait aux jambes des guêtres grises, aux pieds des sabots, dans ses sabots de la paille.

Ame de mon pauvre homme, est-ce vous? s'écria ma grand'mère. — Le vieillard ne répondait pas et comptait toujours. Ma grand'mère prit son chapelet et se mit à prier Dieu. Le vieillard fit quelques pas vers le lit de Brigitte, mit la main sur son cœur, fit un sourire et un geste d'adieu à ma grand'mère, ouvrit la porte en silence, la referma lentement, et ma grand'-mère n'entendit plus que les pas d'un homme qui s'éloignait lentement.

— Seigneur Dieu! dit ma grand'mère, pourquoi m'envoyez-vous cette triste vision? Peut-être que mon cher homme nous demande une messe. Nous la lui ferons dire demain... Le sommeil enfin vint clore les yeux de la pauvre femme.

VI.

Le jour parut. Le fermier Dupré traita de bêtises ses raisonnements, apparitions et terreurs de la veille. La vigne de défunt Remy touchait côte à côte à l'une des siennes. Il voyait avec plaisir cette voisine superbe devenir sa propriété. Sa femme, en face d'une aussi agréable acquisition, convint qu'elle pouvait bien s'être trompée, et finit par être de l'avis de son mari. Dupré sortit donc de la ferme pour aller demander à la veuve Remy si elle était en mesure de solder le notaire, et lui annoncer son intention d'acheter sa vigne.

Ma grand'mère se leva, persuadée que le vieillard qu'elle avait vu était un rêve; pourtant elle dirigea ses pas tremblants vers la mée. Ma grand'mère se frotta les yeux et crut rêver de nouveau en voyant des belles pièces d'argent rangées en tas. Après avoir mis ses lunettes, elle parcourut un billet laissé parmi les piles réjouissantes. Ce billet disait :

« Ne vous inquiétez nullement d'où vient cet ar-
« gent, il est à vous, ainsi que les vaches qui sont
« dans l'étable et les moutons dans la bergerie. Levez
« l'hypothèque de vos biens; Brigitte est maintenant
« sûre de sa dot. Je suis votre ami.

« *Le bonhomme Goutte-d'Or.* »

Ma grand'mère éveilla sa petite-fille qui courut à l'étable et à la bergerie. Le *bonhomme Goutte-d'Or* avait exaucé leurs vœux. Brigitte était folle de joie. Ma grand'mère levait les mains au ciel et remerciait Dieu du bon génie qui prenait leurs peines en pitié, quand le fermier Dupré se fit entendre à la porte, frappant fort et parlant haut. Ma grand'mère achevait de ranger sa dernière pile d'argent dans l'armoire.

— Bonjour, mère Remy, dit le fermier en rentrant.
— Bonjour, voisin. Vous voilà en route de bonne heure, aujourd'hui.

— Oui, mère Remy. Avant d'aller à la ville, j'ai voulu vous rendre une petite visite.

— Merci, voisin.

— Et vous parler d'une affaire relativement à une vigne... à propos d'hypothèque...

— Ah! vous voudriez acheter notre vigne de Moutard?

— Vu seulement parce qu'elle est voisine de la nôtre.

— J'entends, voisin, vous voudriez qu'elle devienne maintenant sa sœur? fit ma grand'mère avec un sourire demi-railleur.

Le fermier Dupré, qui s'attendait à des larmes, fut fort étonné de ce sourire de la veuve Remy. Il répondit donc :

— Oui, voisine, c'est vrai.

— Vous ferez bien de renoncer à cette idée, voisin Dupré.

— Si votre vigne est à vendre, autant moi qu'un autre.

— Sans doute. Mais elle n'est pas à vendre, notre chère vigne.

— Pourtant M. Durand, qui tient l'hypothèque, m'a assuré que cette vigne allait être vendue.

— L'hypothèque sera levée dans une heure; voici l'argent, ajouta ma grand'mère en montrant l'armoire ouverte.

Dupré devint pâle de dépit.

— Est-ce que cela vous fait de la peine, voisin? continua ma grand'mère avec ironie.

— Du tout, répondit le fermier.

— Vous allez à la ville, voisin?

— Oui, mère Remy.

— Eh bien! faites-moi donc le plaisir de porter ces cinq cents francs à M. Durand.

— Volontiers, voisine.

Le fermier prit l'argent. Comme il sortait, il vit Brigitte qui poussait devant elle deux magnifiques vaches blanches. En passant près de la bergerie, il vit une grande quantité de brebis.

— Sans doute qu'ils ont fait un héritage, se dit-il à lui-même. Il jeta sur Brigitte un rapide coup d'œil.

— La petite n'est pas mal, j'en conviens, et notre gars n'a pas tout à fait tort d'en être amoureux.

Brigitte lui souhaita gaiement le bonjour. Dupré y répondit avec affectation en ôtant son chapeau. La jeune fille en ressentit une telle joie qu'elle chanta toute la journée.

VII.

A quelque temps de là, les cloches sonnaient; le village était en fête. Jacques et Brigitte étaient agenouillés à l'église, au pied de l'autel, recevant la bénédiction nuptiale, et le curé disait dans un discours solennel :

— Dieu soit loué! qui nous permet d'unir aujourd'hui le travail et la vertu.

Et ma grand'mère murmurait tout en pleurs :

— Béni soit le *bonhomme Goutte-d'Or*, qui me permet, avant de mourir, de voir ma petite Brigitte heureuse.

Comme le cortége sortait de l'église, deux hommes causaient ainsi :

— Et vous, croyez-vous au *bonhomme Goutte-d'Or?*

— Oui, j'y crois.

— Vous croyez que c'est lui qui est apparu au voisin Dupré, dans la vigne de feu Remy?

— Oui, certainement.

— Qu'il est apparu à la femme Dupré, ainsi qu'à la veuve Remy?

— Je crois tout ça.

— Eh bien! moi, je crois que l'amour est plus fin que le diable, et que ce *bonhomme Goutte-d'Or* n'était autre que le fils du fermier Dupré.

FLEUR-DES-NEIGES

FLEUR-DES-NEIGES

I.

Fleur-des-Neiges était une bonne petite fille, mais malheureusement pâle comme un linge. Elle était si pâle, si pâle, que cela faisait mal à voir. Et bien qu'elle eût dix ans, la petite Fleur-des-Neiges en paraissait six à peine. Puis elle était si frêle qu'elle tremblait aux vents comme épi en plaine. Une tristesse inexplicable l'accompagnait partout. Jamais on ne l'avait vue sourire, même à sa mère. Son visage était d'une immobilité de marbre. Pour son regard, il était fixe et rouge. Rien ne pouvait la distraire d'une pensée mystérieuse qui semblait la suivre ou qu'elle poursuivait sans cesse, ce qui faisait que bien des gens en avaient peur; car cette enfant ressemblait véritablement à quelque petit fantôme errant. En un mot, Fleur-des-Neiges épouvantait; ce qui causait un grand chagrin à sa pauvre mère.

Le père de Fleur-des-Neiges était tonnelier de son état. Il se nommait Grégoire. Cet homme avait un grand défaut : il buvait et se vantait d'avaler dix litres de vin en un seul jour ; il mettait beaucoup d'orgueil à prouver cette sottise. Grégoire prétendait avoir été nourri par la chèvre Amalthée après avoir été trouvé au pied d'un cep de vigne où il mordait à même dans une grappe de samorio. Il se vantait même de descendre en ligne directe du dieu Bacchus, grand ivrogne comme chacun sait. Et puis Grégoire avait un ami qu'il ne quittait jamais, un ami d'enfance nommé Musard, personnage flegmatique que l'on trouvait toujours accoudé sur une table rouge de vin, au fond des cabarets, ou flânant au soleil, dans les champs et dans les rues. Jamais, quoi que l'on fît, on ne put séparer Grégoire de son ami Musard, non que Musard fût un gai compagnon, bon vivant et boute-en-train, au contraire, Musard était morose, riait rarement : la gaieté vient du travail. Musard s'ennuyait comme tout ce qui ne s'occupe pas, et son front terne était comme le reflet de son esprit. Musard n'était pas méchant par lui-même, mais il était cause que Grégoire désertait le travail, se plaisant trop en compagnie de son ami Musard. Aussi sa femme Germaine en souffrait, que cela était pénible à voir, et la petite Fleur-des-Neiges, qui aimait tendrement sa mère, en souffrait beaucoup aussi. Ce pauvre ménage était rempli de gêne. Grégoire vendait tout pour aller boire, depuis le linge jusqu'aux meubles de sa maison.

Pourtant, à côté de ce méchant vice, Grégoire avait une tendresse extraordinaire pour la petite Fleur-des-Neiges : il souffrait tout de cette enfant, supportait ses reproches sans se fâcher. Il aurait souri à ses coups si

Fleur-des-Neiges l'eût battu. Elle seule avait la puissance de le ramener au logis et de le disputer à l'ami Musard.

Quand il était à jeun, ce qui lui arrivait quelquefois, Grégoire prenait la pauvre Fleur-des-Neiges dans ses bras, la contemplait avec bonté, puis, comme frappé d'une pensée terrible, se levait tout à coup, suivait Musard qui lui faisait signe de l'œil, et courait au plus prochain bouchon pour y noyer, disait-il, un souvenir amer. Ces jours-là, Grégoire avait le vin triste, car le désespoir y mêlait son fiel.

Germaine, sa femme, honnête et laborieuse, avait épousé Grégoire par tendresse, et pour ainsi dire malgré les anciennes qui lui disaient :

— Germaine, tu es une bonne fille, nous t'aimons; mais crois-nous, n'épouse pas Grégoire. Jamais ivrogne n'a rendu femme heureuse, avec ça qu'il a de mauvaises fréquentations et qu'on le rencontre toujours avec Musard, allant de rue en rue et de cabaret en cabaret.

— Mères, répondait Germaine, une fois marié, Grégoire fuira son ami Musard et n'ira plus au cabaret.

— Germaine, n'épouse pas Grégoire, répétaient les anciennes.

Germaine épousa Grégoire.

Un an se passa et l'on ne s'aperçut point d'abord que Germaine fût malheureuse. Pour beaucoup même, Grégoire semblait s'être rangé. Cependant on remarquait qu'il fréquentait toujours son ami Musard. D'un autre côté, Germaine perdait de sa gaieté, et les roses de son frais visage tombaient comme les feuilles au vent d'automne.

Grégoire buvait toujours.

Quelques années après son mariage, Germaine allait devenir mère. La pauvre jeune femme devint triste plus que jamais. Elle ne voulait plus sortir de chez elle et restait des semaines entières sans mettre le pied dehors. Sa pauvreté lui faisait honte, et le bonheur de ses voisines, mieux vêtues, lui faisait mal; non pas qu'elle fût envieuse, la pauvre Germaine, mais elle était fière.

Elle souffrait donc seule et en silence. Mais par un jour d'hiver, elle travaillait, filant à son rouet, sans feu dans l'âtre, sans pain dans la mée : le ciel était triste comme son cœur, et des nuages gris couraient sous une bise rapide et froide. Tout à coup, le vent s'élevant avec force, sifflant dans les vitres et sur le chaume, Germaine fut prise d'un frisson qui pouvait être le frisson de la faim et de la froidure. Son rouet s'arrêta : la pauvre femmme leva les yeux au ciel en joignant les mains. En ce moment la neige tombait avec abondance par épais flocons. En un moment, chaumières, arbres, chemins, tout devint d'une blancheur éblouissante. Germaine, des larmes dans les yeux, regardait tomber la neige. Elle était seule comme toujours, Germaine. Autour d'elle le silence; les vents avaient cessé leurs mugissements. La neige tournoyait mollement, sans bruit, se posant sur le sol avec la légèreté du duvet. La fileuse, le regard fixé sur ce spectacle silencieux et sinistre, semblait rêver en proie à une puissance occulte, quand elle sentit en elle un tressaillement inexplicable, sa poitrine se serrer et son cœur battre avec violence. La pauvre fileuse alors voyant les arbres blanchir de plus en plus, murmura avec une sorte d'émotion dont elle n'eut nulle conscience :

— Fleurs-des-Neiges ! Fleurs-des-Neiges ! Fleurs-des-Neiges !

Et ses yeux restèrent attachés sur ces frimas qui ne cessaient d'obscurcir le ciel.

En même temps qu'une voix s'écriait :

— On doit au pauvre qui va mourir, un linceul blanc, une chemise blanche.

Cette voix était celle d'une pauvre mendiante qu'on disait folle au village et qui courait les rues par ce temps si froid. On disait même qu'elle possédait une science occulte ; qu'elle jetait des sorts à l'aide de certains herbages qu'elle faisait bouillir. L'ignorance en avait peur, les sots en riaient, les bons cœurs l'assistaient.

Et Germaine autrefois lui avait donné un linceul blanc, une chemise blanche.

Six mois après, Dieu envoyait une petite fille à la pauvre fileuse. Et Grégoire s'écriait en recevant une enfant d'une pâleur de mort :

— Hé ! ma femme ! quelle enfant vous nous donnez là ! Quelle triste mine, mon bon Dieu ! Qu'est-ce donc cela, s'il vous plaît ?

— C'est une petite *Fleur-des-Neiges*, répondit Germaine avec chagrin.

Depuis la petite créature n'a cessé de porter ce nom.

II.

Dix ans plus tard, par un temps rigoureux, temps de brumes et de grésil, la petite Fleur-des-Neiges sortait de la maison pour aller à la recherche de Grégoire qui ne rentrait pas ; il était tard et la nuit noire.

Comme elle longeait la vanne, l'enfant entendit le coup d'un battoir retentir autour d'elle et une voix qui disait :

— On doit au pauvre qui va mourir, un linceul blanc, une chemise blanche.

Fleur-des-Neiges avança d'où partaient ces paroles singulières; et elle vit, à son grand étonnement, une pauvre femme qui lavait du linge.

— Bonne mère, dit l'enfant, s'adressant à la vieille laveuse, bonne mère, pourquoi laver si tard et par le froid qu'il fait?

La vieille laveuse interrompit son travail, leva le front avec lenteur et répondit à l'enfant :

— Ah! c'est toi, Fleur-des-Neiges? Eh bien! mon enfant, je lave tard parce que je m'en vais demain, et que pour faire mon voyage, il me faut une chemise blanche.

— Bonne mère Lajoie, éloignez-vous du bord de l'eau. Laissez-moi mettre à votre place; j'aurai bientôt fait de laver ce linge, j'aurai moins froid étant plus jeune.

— Je le veux bien, mon enfant, répondit la vieille laveuse, pauvre mendiante connue dans le pays sous le nom de la mère Lajoie, parce qu'elle riait avec les enfants, contait des histoires d'amour, comme Pyrame et Thisbé, à la jeunesse, ou philosophait avec les hommes d'un âge mûr.

— Tenez, mère Lajoie, voilà votre chemise qui est blanche, lui dit Fleur-des-Neiges en tordant le linge entre ses petites mains au-dessus des eaux. Maintenant, rentrez.

— Oui, mon enfant. Dis-moi, je vais partir bientôt.

— Vous allez nous quitter, mère Lajoie?

— Oui, mon enfant, je vais partir pour un long voyage.

— Vous reviendrez?

— Jamais! Seulement, mon enfant, je veux te laisser un souvenir de la mère Lajoie. Forme un souhait et il sera accompli.

—Vraiment, mère Lajoie? s'écria Fleur-des-Neiges.

— Oui, mon enfant.

— Eh bien! je souhaite... que papa prenne le vin en grande horreur.

— Bien, mon enfant, tu seras satisfaite. Tiens, lui dit-elle, en lui donnant une petite fleur jaune, tu mettras ceci feuille par feuille dans son verre, chaque fois qu'il boira.

Fleur-des-Neiges s'éloigna et courut au bout du village, dans un cabaret où son père s'enivrait en compagnie de Musard.

La vieille mendiante se mit à laver de nouveau après avoir étendu sa chemise blanche aux branches d'un arbre.

La mère de Fleur-des-Neiges, inquiète de ne pas voir revenir sa fille, se mit à parcourir le village à son tour. En passant près de la vanne, elle entendit les coups d'un battoir qui retentissaient autour d'elle. Elle approcha et vit une vieille femme occupée à laver.

— Las, ma bonne femme, pourquoi lavez-vous si tard et par le temps qu'il fait?

— Ah! c'est toi, Germaine; je lave tard, répondit la vieille laveuse, et par le temps qu'il fait, parce que, mon enfant, je vais m'en retourner demain, et que pour faire ce voyage, il me faut un linceul blanc. Je lave mon linceul.

— Bonne mère Lajoie, dit Germaine avec tendresse, éloignez-vous du bord de l'eau. Donnez-moi votre place, j'aurai bientôt fait de laver votre linge. Étant plus forte que vous, j'aurai moins froid.

— Je le veux bien, répondit la vieille laveuse.

Germaine se mit à l'œuvre avec rapidité. Un moment après elle disait :

— Tenez, bonne mère Lajoie, voici votre linceul, il est blanc comme lait. Maintenant, il faut rentrer.

— Oui, mon enfant. Mais, écoute-moi, je vais partir pour un voyage d'où l'on ne revient guère. Je veux te laisser un souvenir de la mère Lajoie; forme un souhait et il sera accompli.

— Je souhaite, dit en souriant la bonne Germaine, qui était loin de soupçonner à qui elle avait affaire, je souhaite que ma pauvre petite Fleur-des-Neiges ait la mine fraîche et gaie des autres enfants.

— Tu seras satisfaite, bonne Germaine. Prends cette fleur rouge et mets-en une feuille tous les soirs dans le breuvage de ta fille.

Germaine prit la fleur rouge avec indifférence et courut à la recherche de sa fille, tandis qu'une voix lointaine répétait sur le bord de la vanne :

— On doit au pauvre qui va mourir, un linceul blanc une chemise blanche.

III.

Grégoire s'en revenait seul, ayant laissé son ami Musard au cabaret. Grégoire était gris, rouge de visage et avait la voix enrouée comme un verrou. Il trébuchait dans la prairie, ne sachant pas où il allait, chantant à gorge déployée une chanson bachique dont le saint était Bacchus. Ce jour-là Grégoire était plus ivre et plus gai que jamais; aussi trébuchait-il davantage et chantait-il plus fort. Les hiboux en étaient troublés dans le creux des saules et l'écho de la vallée faisait chorus.

Fleur-des-Neiges et Germaine arrivèrent donc trop tard au cabaret. Et Grégoire, allant où le vin le conduisait, avait pris la route contraire à celle qui pouvait le conduire le plus directement à sa maison.

Voilà qu'en longeant la vanne, l'ivrogne interrompt soudainement ses chants, ne marchant plus, mais tremblant à sa place comme un orme battu des vents. Une voix venait de lui répondre :

— On doit au pauvre qui va mourir, un linceul blanc, une chemise blanche.

Grégoire se frotta les yeux, essayant de soulever sa tête alourdie par les vapeurs du vin. Le pauvre Grégoire ne put bientôt remuer ni pieds ni langue, il vacillait, mais n'avançait pas. La terreur le glaçait. La voix recommença son refrain lamentable. Un hibou vint à passer, frappant l'air de ses ailes et poussant des cris funèbres. L'air était vif, froid; les brumes avaient disparu et la lune brillait. La peur dégrisa Grégoire, il se mit en marche comme s'il eût rêvé, comme s'il venait de se réveiller.

La vieille s'écria de nouveau, au moment où il passait :

— On doit au pauvre qui va mourir, un linceul blanc, une chemise blanche.

— Hé, s'écria Grégoire, c'est la mère Lajoie. Puis il ajouta tout bas : C'est la pauvre vieille folle. Que faites-vous donc là, mère ? dit-il en l'abordant; vous m'avez fait une peur à me rendre buveur d'eau le reste de mes jours.

— J'attends que ce linge sèche, répondit la mère Lajoie, il faut qu'il soit sec cette nuit même, je pars demain. Et en disant cela elle lui montrait le linge que Fleur-des-Neiges et Germaine venaient de laver.

— Donnez-moi le bras, bonne mère, ce linge séchera mieux chez nous en face de l'âtre et vous aurez moins froid que derrière ce buisson où vous grelottez.

— Que votre volonté soit faite, mon cher garçon, répondit la pauvre mendiante. Et, appuyée sur le bras de Grégoire, elle se rendit au chaume.

Grégoire, voyant la maison seule, se douta bien que sa femme et sa fille couraient après lui. Quand il voulut faire du feu, notre homme fut bien embarrassé; il n'y avait pas un pouce de bois dans la grange. Pourtant, comme il était très-charitable, il ne voulut pas qu'il fût dit que cette pauvre femme remporterait son linge mouillé. Il s'arma résolûment d'une cognée, courut au jardin et abattit les branches d'un superbe pommier auquel il tenait extrêmement. Il jeta ces branches dans l'âtre avec gaieté, y mit le feu ; un vrai feu de l'enfer s'éleva, en un moment tout fut sec. La pauvre vieille alors dit à Gregoire :

— Mon garçon, faites un souhait et je vous promets qu'il sera réalisé.

— Je souhaite, mère Lajoie, que le bon Dieu vous donne une bonne place au ciel, vous qui en avez une si mauvaise sur la terre.

La vieille mendiante sortit, emportant son linge et répétant son chant funèbre.

IV.

Grégoire jeta au feu les branches du pommier qui lui restaient, une grande flamme s'éleva. En ce moment sa femme et sa fille entrèrent, le reflet de l'âtre se répandit sur leur visage. Grégoire aurait pu voir que Germaine était bien triste et Fleur-des-Neiges plus blanche que jamais. Grégoire ne voyait plus rien, le vin opprimait tous ses sentiments. Sa fille même baissait dans son cœur.

La femme prit son rouet et se mit à filer en silence. Fleur-des-Neiges fut embrasser son père et lui demanda comment il se faisait qu'il y eût du feu dans l'âtre à cette heure, et où il avait trouvé du bois.

— J'en ai trouvé sur les arbres de mon jardin, répondit Grégoire. Fleur-des-Neiges se mit à pleurer, car elle aimait les pommes. De son côté Germaine disait : C'est juste, après les meubles, les arbres. Grégoire voyant qu'on lui faisait la grimace comme toujours, prit comme toujours aussi le parti de s'aller mettre au lit. On n'entendit bientôt plus que ces trois choses dans la maison : un homme qui ronflait, un rouet qui tournait, un enfant qui priait, c'est-à-dire : l'abrutissement, le travail et la foi.

V.

— Quelques jours après, Grégoire, suivant son habitude, courut au cabaret. La petite Fleur-des-Neiges le suivit.

— A boire! s'écria l'ivrogne.

— Et deux verres, répondit une voix avec mollesse. C'était celle de l'ami Musard qui entrait en ce moment.

Tandis que Grégoire tournait la tête, Fleur-des-Neiges jeta une feuille jaune dans le verre de son père.

— A la tienne, Musard.

— A la tienne, Grégoire.

L'ivrogne porta son verre à ses lèvres. Puis il poussa un cri de terreur. Une grande quantité de petits serpents sortirent du verre et se mirent à ramper sur ses mains, sur la table, partout. Une fois à terre, ces petits reptiles devinrent taches de vin.

— Un autre verre! cria Grégoire, brisant le sien. On lui en servit un autre. Il se remit à boire sans accident cette fois, Fleur-des-Neiges n'ayant rien jeté dans la boisson. Au troisième, l'enfant glissa de nouveau une feuille jaune dans le verre du buveur. Il le porta à ses lèvres, des petits crapauds hideux surgirent du fond du verre et se traînèrent sur la table. Une fois à terre ils reprirent, comme les petits serpents, la forme de taches de vin. De cette fois Grégoire se leva, s'en prit à l'hôtesse, même à son ami Musard, demandant ce que cela voulait dire. La cabaretière ouvrait elle-même de grands yeux et Musard tremblait tant il avait peur. Grégoire sentit son sang se révolter dans sa poitrine. Il regarda le broc avec mélancolie; il lui sembla que ce broc s'éloignait de ses lèvres, il y porta rapidement la main. Fleur-des-Neiges profita du geste de Grégoire pour jeter une feuille jaune dans son verre.

— Non! non! jamais nous ne nous séparerons, jus divin donné par le divin Bacchus, mon bon aïeul; et il versa de nouveau. Lorsqu'il fut pour boire, le malheureux ivrogne faillit s'évanouir; une énorme chenille verte se promenait sur le bord du verre. De tous les reptiles c'était celui pour lequel Grégoire avait le plus d'aversion. Son cœur se souleva, il jeta loin de lui verre, broc et table ; culbutant son ami Musard et se brouillant avec lui pour jamais.

Musard alla rouler dans un coin du cabaret, et prenant ses jambes à son cou, Grégoire s'enfuit en criant sur son chemin :

— Une chenille! une chenille verte dans mon vin, sur mon verre, une chenille verte ! une chenille verte !

VI.

Grégoire, depuis ce jour, ne sortait plus, ne buvait plus. Il disait que le vin était plein de serpents, de chenilles et de reptiles de toutes sortes. Beaucoup de personnes pensaient que Grégoire était un sage qui prêchait par paraboles, que ses paroles cachaient un sens profond. Toujours est-il que Grégoire ne buvait plus, et tant que durait le jour il jouait du dolloir et du maillet. Peu à peu l'aisance revint à la maison. L'aisance, oui, mais non la gaieté, car Fleur-des-Neiges était toujours d'une pâleur de marbre. Un soir que Grégoire l'embrassait, Germaine vit des larmes couvrir les joues de son pauvre homme, elle se prit à pleurer.

— Hélas! disait le tonnelier à sa femme, qui donc, quand nous n'y serons plus, qui donc aimera notre chère enfant? Et cette pensée le décourageait souvent dans son travail. Il arriva qu'un jour la petite Fleur-des-Neiges raconta l'aventure de la fleur jaune à sa mère, sa rencontre au bord de la vanne avec la mère

Lajoie et son souhait. Germaine alors se ressouvint de la fleur rouge qu'elle avait reçue des mains de la vieille mendiante avec incrédulité. Le soir même elle courut à une petite boîte où elle l'avait renfermée par respect pour la mémoire d'une pauvre femme; elle l'en retira avec précipitation et, sans rien dire, mit une feuille dans le gobelet de sa fille. Elle continua ainsi chaque soir jusqu'à la dernière feuille, et comme la rose qui commence à s'épanouir, voilà que peu à peu, que jour par jour, les couleurs revenaient au visage de Fleur-des-Neiges. Le vermillon se répandit d'abord sur ses lèvres. L'éclat alluma son regard. Puis un jour, le tonnelier chassait les cercles à coups de maillet sur les flancs des tonnes, quand il entendit une voix douce et sereine chanter au bruit d'un rouet qui tournait. Le tonnelier prêta l'oreille, son cœur s'émut. C'était la voix de Germaine qui chantait comme aux jours où elle était jeune fille. Une larme de tendresse mouilla la paupière du bon Grégoire; comme il travaillait dans la cour, il porta ses regards vers le seuil paisible d'où partait ce chant de bénédiction qui était celui de la paix. Alors une jolie petite fille blonde et rose le regarda en souriant. Fleur-des-Neiges, semblable à ces fleurs dont l'éclat se révèle en une nuit, s'était colorée d'un éclat soudain. A cette vue le maillet échappa aux mains du pauvre homme; il tomba à genoux. L'enfant vola dans les bras de son père qui s'écriait en la tenant embrassée :

— Fleur-des-Neiges! ma belle Fleur-des-Neiges!

Et comme il entre un peu de superstition dans le bonheur, le tonnelier leva les yeux et crut voir au ciel entr'ouvert la pauvre mendiante dans une longue robe blanche et lui souriant d'un sourire divin.

— Qui donc êtes-vous, mère! qui donc êtes-vous? s'écria le tonnelier tendant les mains vers cette apparition.

— LA CHARITÉ, répondit-elle. Et le ciel se referma.

LES DEUX CHEMINS

LES
DEUX CHEMINS

I.

Julien et Julienne étaient le modèle des époux; leur ménage était certainement le meilleur des ménages; jamais de querelles, la volonté de l'un était toujours la volonté de l'autre. La raison en est simple : ces gens s'aimaient. Aussi les voisins furent-ils fort surpris d'entendre le débat suivant qui venait de s'élever comme l'orage dans la chaumière de Julien et de Julienne :

— L'enfant a battu le chien !
— Le chien a mordu l'enfant !
— Il faut assommer le chien !
— Il faut fouetter l'enfant !
— Non !
— Si !

Et chacun de crier de son côté, qui pour le chien,

qui pour l'enfant. La discorde venait d'entrer comme un coup de vent dans la demeure de cette excellent ménage. A quoi tient le bonheur ! Vantons-nous après cela que la paix sera toujours assise au coin de notre gai foyer! Quoi ! il suffit d'un marmot pour troubler le calme de nos intérieurs ! Qu'est-ce donc si nous y ajoutons encore un chien, un chat, même un oiseau!

Pourtant, Julien et Julienne, père et mère du petit Bernabé, en étaient là, après dix années de la plus parfaite union, de la plus douce concorde. Aux cris de ses parents, le bambin hurla de façon à faire croire effectivement que le chien l'avait à moitié dévoré, tandis que l'animal roulait un œil inquiet dans un coin du logis, où il s'était réfugié comme un véritable coupable. Cependant le chien n'avait pas mordu l'enfant, et l'enfant avait battu le chien. Julien, hors de lui, s'arma d'un fouet et frappa la bête innocente. Ce qui ne manqua pas de donner au petit Bernabé une haute opinion touchant la justice humaine, car le malin enfant se mit à rire en dessous.

Julienne, aux hurlements du chien, aux sifflements du fouet, ne put se contenir. La colère la gagna tellement qu'elle prit le petit rieur par les oreilles et qu'elle le tança à coups de corde. L'homme frappait la bête, la femme frappait l'enfant. Julien abandonna sa victime pour faire une scène à sa ménagère. Julienne, emportée comme une soupe au lait, emplissait la maison de ses glapissements. Le chien profita du conflit des deux époux pour courir dans sa niche et l'enfant pour se sauver dans la cour. La querelle continua longtemps encore entre l'homme et la femme; si bien que Julienne disait :

— Je ne souffrirai pas que ce bon animal soit la victime de votre enfant. Quand je verrai Bernabé faire des misères à Moustapha, je tancerai Bernabé!

Julien répondait :

— Et moi je ne veux pas que l'on batte l'enfant à cause de ce laid animal.

— Et moi, riposta Julienne, je ne veux pas de souffre-douleur à la maison. Si Moustapha est assez bon pour supporter les avanies de votre bambin, je ne serai point assez sotte, moi, pour les tolérer davantage. Qui bat les chiens, bat ses amis. Après les bêtes, les gens.

— Ah! on le prend sur ce ton, répliqua Julien avec colère; eh bien, Moustapha délogera d'ici au plus tôt.

— Soit! riposta Julienne.

— Aujourd'hui même, continua Julien.

— D'accord, mon cher homme.

— Certainement que je le ferai.

— Sans compter que vous ferez bien.

— Ah! l'on me nargue! s'écria Julien. Et sans attendre davantage, il noua une grosse corde au cou du malheureux Moustapha, qui se laissa faire sans protester. Son maître l'attacha vivement derrière la charrette d'un voiturier qui passait et allait à deux cents lieues de là.

Le petit Bernabé pleurait son pauvre souffre-douleur, qu'il aimait au fond, tout en le querellant, tout en le taquinant. Que de gens sont ainsi faits! Ce qui n'empêchait pas le bon Moustapha d'avoir une grande faiblesse pour son jeune tourmenteur : le cœur ne raisonne pas. Aussi le dernier regard du tendre animal fut-il pour son jeune compagnon. La voiture l'entraîna. Comme il n'y avait pas moyen de résister, le chien prit le parti de suivre; il savait que toute résistance inutile est une sottise, et que la vertu des faibles devait être la patience. L'enfant sentit en cette occasion que son père n'était pas plus juste dans son arrêt de proscription que dans sa volée de coups de fouet. Il pleura Moustapha. Moustapha pleura Bernabé.

Quelques-uns diront à cela que cette bête n'est digne d'aucun intérêt, vu qu'elle manquait de dignité en cette circonstance; car aimer qui nous malmène est un trait d'abjection qui se trouve ordinairement au chenil des esclaves et des chiens.

Nous répondrons, pour la justification de Moustapha, qu'il ne fréquentait pas ordinairement les gens d'esprit. Il n'était donc pas étonnant qu'il pleurât comme une bête. Il y avait bien une raison encore : c'est qu'il avait vu naître Bernabé, l'avait vu s'élever et grandir sous ses yeux, qu'il l'avait gardé endormi des heures entières entre ses larges pattes; et bien qu'ils se chamaillassent de temps en temps, ces personnages ne s'en aimaient pas moins. L'enfant était donc dans la désolation. Pour Moustapha, la première crise de la douleur passée, il s'était mis à réfléchir. Comme il avait vécu, il savait qu'il ne fallait désespérer de rien, et que l'expérience est la mère des ressources; il disait donc, mais en lui-même, quoiqu'il eût la tête et les oreilles basses :

— L'homme qui m'entraîne derrière cette voiture, à moins qu'il ne veuille faire une casquette de ma peau, n'a pas de mauvais dessein sur moi. Je remarque même que ce roulier a l'air bonhomme. Sans doute qu'à la première auberge il me détachera. Je saisirai cette occasion pour prendre de la poudre d'escampette, et je reviendrai voir Bernabé. Et là-dessus il trottait comme un sage qui sait à quoi s'en tenir sur la bonne et la mauvaise fortune.

II.

Pendant ce temps-là, l'orage continuait dans la maison de Julien. Sa femme disait :

— Vous n'avez pas de cœur d'avoir livré ainsi ce bon animal à la merci d'un passant.

— Tiens ! se disait Bernabé, c'est maman qui a poussé papa, et c'est maman qui lui fait des reproches.

L'enfant n'y comprenait rien, si ce n'est que sa mère avait sans doute crié trop fort, et son père agi trop vite; mais tout cela était bien embrouillé dans sa tête. A peine comprit-il que le malheureux Moustapha était pour le moment l'endosseur des fredaines d'un petit drôle qui le maltraitait sans motif et le bouc émissaire des fureurs conjugales. Il pouvait bien y avoir là effectivement une injustice; mais qui avait raison? qui avait tort? Il y avait trop à réfléchir pour la science de Bernabé. Il ne décida rien. Ce fut bien autre chose quand il entendit Julien s'écrier :

— Sans toi, je n'aurais pas renvoyé Moustapha !

— Pourtant, se disait Bernabé en lui-même, ce n'est pas maman qui l'a lié à la charrette. Le cœur de l'enfant s'emplit de trouble après cette réflexion mentale.

III.

— Le lendemain, Julienne, préparant un petit pot de beurre et un panier de cerises, disait au petit Bernabé :

— Bernabé, écoute-moi bien : tu vas aller porter ce

pot de beurre et ce panier de cerises à ta bonne-maman (la bonne-maman demeurait à une lieue du village); quand tu seras arrivé à l'entrée du bois, dans le petit chemin qui fait la fourche, tu prendras le sentier à droite, tu le suivras toujours, et tu arriveras chez ta bonne-maman.

L'enfant allait répondre : Oui, mère, quand une autre voix lui dit :

— Bernabé, tu prendras le sentier de gauche, attendu que c'est le plus court.

— Le plus court, c'est possible; mais moi je vous dis que l'autre est le chemin le plus sûr.

— Les chemins les plus sûrs sont ceux-là qui nous conduisent le plus vite au but, répliqua Julien. Et s'adressant de nouveau à son fils :

— Bernabé, tu prendras le sentier de gauche.

— Oui, papa, répondit l'enfant.

Julienne garda le silence; mais après l'avoir conduit un peu, elle lui dit sur la porte :

— Bernabé, n'oublie pas de prendre le sentier de droite, mon garçon.

— Oui, maman, répondit Bernabé.

Et il s'éloigna.

Le voici donc aventuré dans la forêt, songeant aux conseils de son père, aux recommandations de sa mère. Il arriva bientôt avec son petit pot de beurre et son panier de cerises aux sentiers indiqués. Voilà notre gamin bien embarrassé. Ne lui avait-on pas dit :

— Prends à droite !

— Prends à gauche !

Comment se tirer de là? Prendre les deux chemins à la fois, cela n'était pas possible. D'un autre côté, s'il prenait le sentier de droite, il désobéissait à son père ; s'il prenait celui de gauche, il désobéissait à sa mère. Le petit Bernabé était dans une peine véritable. Avec ça qu'il n'y avait pas moyen de s'en tirer par un mensonge. Si je dis à maman que j'ai pris à gauche, elle me grondera ; si je dis à papa que j'ai pris à droite, il se fâchera, pensait l'enfant. Il s'assit au pied d'un chêne pour réfléchir sur cette grave question, pour savoir enfin comment il s'y prendrait pour trancher ce nœud gordien ; mais c'est en vain qu'il réfléchissait : son esprit flottait entre la droite et la gauche, comme le fil de la Vierge que se disputent les zéphyrs. Bernabé en était là quand un joli petit personnage vint à lui vif comme un lézard, gai comme un oiseau.

C'était le nain Buissonnier, nommé ainsi parce qu'on le trouvait toujours dormant, chantant ou sautillant à l'ombre des haies, dans les bois, dans les champs. Tous les enfants le connaissaient ; il connaissait tous les enfants.

A la voix de Buissonnier, le petit Bernabé oublia son père, oublia sa mère, leur chemin de droite et leur chemin de gauche. Il se mit à parcourir la forêt avec son jeune ami. Cependant le nain Buissonnier avait dit à Bernabé :

— Bernabé, où vas-tu ?

Bernabé avait répondu.

— Je vais porter ce petit pot de beurre et ce panier de cerises à ma grand'mère ; mais je suis bien embarrassé. Et il raconta au petit nain les ordres que son père et sa mère lui avaient donnés.

— Bah ! bah ! s'écria Buissonnier, chemin de droite, chemin de gauche, ce sont des bêtises : tout chemin mène à Rome. Allons toujours. Qu'importe le chemin, pourvu qu'on arrive !

— Tu crois, Buissonnier ?

— Sans doute.

— Pourtant, papa et maman...

— Ton père a tort et ta mère n'a pas raison.

Au fait, c'était une solution. Bernabé s'en contenta. On se roula dans l'herbe, on se glissa sous un buisson, puis on attaqua le petit pot de beurre et le panier aux cerises. Beurre et fruits, tout y passa.

Buissonnier, découvrant un nid au faîte d'un arbre, dit à Bernabé :

— Bernabé, je vais te faire la courte-échelle; tiens, monte sur cet arbre et prends ce nid.

— Papa m'a défendu de dénicher les oiseaux. Il dit que cela est mal de prendre leurs œufs.

— Pourtant, répliqua le nain, ta mère ne se gêne pas pour lever les œufs des poules et des canes.

— C'est vrai, dit Bernabé.

— Et même que ton père mange les œufs que ta mère lève et casse.

— C'est encore vrai, répondit Bernabé; et il grimpa sur l'arbre. Arrivé au nid, il s'écria :

— Dis donc, Buissonnier, il n'y a pas d'œufs, mais il y a des petits.

— Eh bien ! prends les petits.

— Oh ! non ! si papa le savait... il m'a recommandé de ne jamais prendre les petits des oiseaux.

— Pourtant, Bernabé, ta mère ne se gêne pas pour tordre le cou aux poulets ainsi qu'aux pigeons, et ton père qui les croque ne dit rien à ta mère.

— Buissonnier a tout de même raison, pensa le petit Bernabé, et il s'empara du nid où étaient tapis cinq chardonnerets. Buissonnier voulut avoir les oiseaux. Bernabé, par la raison qu'il les avait dénichés, prétendit qu'ils lui appartenaient. Il ne voulut rien céder.

Buissonnier ne disputa pas davantage; mais il commença à perdre de sa gaieté; il regardait en dedans, baissant la tête en marchant. Bernabé en eut défiance. Il mit les oiseaux au fond du panier vide, serra le panier contre lui, jetant de temps en temps un œil de côté sur son ami Buissonnier, qui avait l'air de ne pas s'en apercevoir. Tout à coup, voilà le nain qui dit à Bernabé :

— Bernabé, j'ai grand soif.

— Et moi aussi, répondit Bernabé.

Le nain conduisit Bernabé près d'une fontaine claire, limpide, dont la vue augmenta encore la soif. Mais malheureusement cette fontaine était large et sa berge élevée; il n'était pas aisé d'y boire sans risque d'y tomber. Il y avait bien cependant un côté par où l'eau s'épanchait à ras du sol; mais cette pente était cachée par des herbes et des roseaux. Buissonnier s'avisa d'un moyen.

— Bernabé, lui dit-il, tiens-moi bien par le pied, tandis que je vais me pencher pour boire. Cela m'empêchera de tomber dans l'eau. Bernabé tint effectivement les jambes du nain. Le nain se pencha et but. Bernabé, qui voyait dans cette action un jeu et un moyen de se désaltérer, dit au nain :

— A mon tour!

— C'est ça, répondit celui-ci.

Bernabé se pencha, le nain lui tint la jambe un moment, puis il lâcha le malheureux Bernabé, qui poussa un cri terrible en se sentant glisser dans la source, comme un oiseau dans une mare.

Le nain s'empara du nid et s'enfuit à toutes jambes,

laissant Bernabé s'en tirer comme il l'entendrait.

Quelle rencontre! pauvre enfant! Certainement que Julien et Julienne n'avaient point songé à celle-là.

Après avoir été un moment au fond, Bernabé revint à la surface des eaux. La branche d'un petit sauvageon flottait au dessus de sa tête : il la saisit avec transport. Malheureusement, cette branche était si faible, que le pauvre enfant n'osait s'y fier pour sortir de l'abîme. Et puis, à quoi cela lui aurait-il servi, puisqu'un terrain à pic se dressait autour de lui, et plus loin de grandes herbes et des roseaux qu'il lui était impossible d'atteindre, et qui pouvaient l'envelopper d'ailleurs et le faire périr. Le plus sage était donc de rester dans l'eau sans bouger, au bout de la branche de sauvageon, en attendant que la main de la Providence s'étendît sur lui. Mais les forces lui manquant, il fit un effort pour atteindre l'arbre sauveur. C'était un moyen, en effet, car alors il aurait pu s'y percher, rester là le reste du jour, même la nuit entière ; après quoi certainement on serait venu le délivrer. Mais comme il s'agitait, voici que la branche commence à craquer à son joint. L'enfant s'en aperçoit : il est perdu. Il s'écrie alors :

— A moi! père!.. à moi! mère!.. votre petit Bernabé se noie!..

La branche se déchira encore un peu sous un autre effort de l'enfant. Bernabé appela son ami Buissonnier, qui ne répondit pas ; et, se raidissant comme un désespéré, il tira sur la branche légère... La branche lui resta dans les mains. De cette fois, la terreur le rendit muet. Il tourna sur lui-même, les yeux hagards en levant les bras au ciel comme par une dernière invocation. Au même moment, une tête énorme, deux yeux étincelants et une gueule enflammée, apparurent au dessus de la source où l'enfant se noyait seul et dans un silence effrayant. A cette vue, Bernabé eut un moment d'espoir dans lequel il retrouva la voix :

— Moustapha ! s'écria-t-il, mon bon Moustapha !..

Le chien se jeta dans la source, saisit son jeune maître par ses vêtements, l'enleva au dessus des eaux, lui fit traverser les herbes et les joncs. L'enfant, qui sentit la terre sous ses pieds, sortit enfin de l'abîme où l'avait laissé choir le méchant et traître Buissonnier. Et tout en pleurant, tout en embrassant ce bon Moustapha, qui l'avait sauvé du péril, arraché à la mort, l'enfant s'en revint au logis paternel, guidé par l'intelligence de Moustapha qui semblait lui dire :

— Suis-moi ! Ce qu'il faisait toujours lorsqu'il y avait un détour à prendre, un chemin à traverser ou un sentier double qui jetait de la confusion, du trouble ou du doute dans l'esprit du voyageur. Moustapha alors prenait le devant ; l'enfant suivait. Bernabé s'en revint ainsi droit à la maison. Si Bernabé avait pu raisonner après une pareille secousse, nul doute qu'il eût dit :

— En fait de chemin, voici un animal qui en sait plus long que père et mère.

IV.

Nous avons vu plus haut les combinaisons de Moustapha pour revenir au logis, d'où la mauvaise humeur de ses maîtres l'avait éloigné. En route, il s'ingéra donc d'une idée : voyant que le roulier ne se pressait pas de le détacher, Moustapha s'était dit : ce que rat fait, chien peut le faire. Et là-dessus il se mit à mâchonner sa corde avec obstination et patience : il s'agissait d'être libre. Penser à la liberté, c'est déjà la conquérir. Puis l'occupation tue l'ennui ; et il se mit à commencer son travail d'affranchissement, travail sacré s'il en fut onc. Vers la fin du jour, le charretier, altéré, avisa une auberge, fit arrêter les chevaux et se mit à boire. Moustapha redoubla d'activité. Une branche de la corde résistait encore ; avec une forte secousse il pouvait en avoir raison ; mais comme l'effort pouvait éveiller l'attention, il préféra jouer de la mâchoire et ne rien compromettre. Le charretier se remit en route, stimulant ses chevaux à coup de fouet. C'est alors que Moustapha prit la fuite d'un côté, tandis que l'équipage roulait de l'autre. Le cabaretier, s'apercevant du tour, cria au charretier que son chien s'enfuyait. Mais à la façon dont Moustapha détalait, il fallait renoncer de tenter à l'arrêter. Le gaillard avait les jarrets en règle, de vrais jarrets de lièvre. Cependant bien des gens qui voyaient ce chien affairé et traînant une corde à son cou se disaient avec un hochement de tête : Ceci pourrait bien être un malfaiteur qui s'évade. Ce qui n'empêchait pas que Moustapha poursuivait son chemin, plein de la joie qu'il éprouvait déjà à la pensée qu'il allait revoir son petit Bernabé. C'est ainsi qu'il atteignit le grand bois, qu'il se mit à le traverser, sans s'occuper du chemin de droite, du chemin de gauche, et qu'il entendit au loin les cris de détresse de son jeune ami. On sait le reste.

Comme l'enfant revenait au chaume et le chien à sa niche, Julien et Julienne se disaient chacun à part soi.

— Peut-être aura-t-il pris à gauche, et il se sera égaré.

— Peut-être aura-t-il pris à droite, alors, il se sera perdu.

Puis enfin, pensant tout haut, Julienne murmura :

— L'enfant se sera perdu par votre faute; il a fallu lorsque je lui disais blanc, que vous lui disiez noir.

Julien mettait ses souliers et ses guêtres, pour courir à la recherche de son fils, quand celui-ci entra, mouillé de la tête aux pieds, et pleurant au souvenir du danger qu'il avait couru et de la joie qu'il éprouvait en revoyant son père et sa mère.

— Je me suis perdu, s'écrie l'enfant, embarrassé que j'étais en face des deux chemins.

— Tu n'as donc pas pris à droite? s'écria Julienne.

— Tu n'as donc pas pris à gauche? s'écria Julien.

— Si, maman; si, papa. Et il raconta ses aventures.

Quand l'enfant eut raconté la belle action de Moustapha, Julien et Julienne n'y tenant plus, se précipitèrent tout en larmes vers la niche du bon animal pour le combler de remerciements et de caresses.

A leur aspect, Moustapha prit la mine inquiète et triste des gens qu'on rend habituellement malheureux. Julien en eut comme de la honte. Pourtant, en voyant sourire Julienne, l'animal finit par faire éclater sa joie, heureux qu'il était de se trouver réinstallé dans sa niche. Un moment après nos époux se disaient:

— Dites-donc, notre homme, que pensez-vous de mon chemin de droite?

— Et vous, notre femme, que pensez-vous de mon chemin de gauche?

— Je pense, répondit la douce mère, tout en contemplant avec un regard attendri le petit Bernabé qui faisait des efforts inouïs pour briser la grosse corde restée autour du cou de Moustapha, et qui pleurait de ne pouvoir en venir à bout, je pense que si notre enfant se souvient que nous l'avons égaré un jour sur le double chemin de la controverse, plein d'écueils, de doutes et de périls, il se souviendra aussi qu'il en fut arraché par la lumière du cœur, plus puissante que la science souvent trompeuse des pauvres hommes.

LA MARIONNETTE

LA MARIONNETTE

I.

Il était une fois un vieux sultan nommé Ali, brave homme, tout Turc qu'il était, et bon prince, quoiqu'il fût entouré de courtisans. Ce qui annonçait chez lui une force plus qu'humaine, c'est que, malgré les flatteurs qui l'obsédaient, il avait conservé dans son cœur une haute opinion des hommes. Peut-être serait-il à cette heure le modèle des princes, sans les influences funestes d'une chose étrange :

Ali ne s'appartenait pas.

Oui, le bon Ali, malgré sa grande barbe noire, ses sourcils épais, sa figure brune, son yatagan ciselé, au manche garni d'argent et d'or, passé à sa ceinture de cachemire; Ali, malgré son grand sabre courbé et damasquiné, malgré ses pistolets d'une richesse terrible, malgré sa pipe d'ambre où brûlait l'opium, Ali, le bon sultan, était opprimé. Qui ne l'est pas?

Ali avait un jardin, aussi riche en fleurs et en fruits que le paradis terrestre ; le bon sultan n'y allait plus cueillir les fruits, respirer le parfum des fleurs. Il avait une ménagerie pleine des plus magnifiques lions que le désert ait entendus rugir dans ses sables ardents; Ali n'allait plus même les visiter, leur donner sa main à lécher. A peine se souvenait-il de loin en loin que les plus belles esclaves grecques, circassiennes ou andalouses consumaient leur beauté dans les ennuis languissants du sérail, en attendant un sourire du maître.

Voici comme : Le bon Ali avait un fils nommé Hussein, et âgé de huit ans à peine. Il était l'espoir du trône et l'unique héritier : deux raisons puissantes pour avoir des flatteurs de toutes sortes; Hussein en était accablé. Cependant, Ali était un père qui ne manquait pas de sévérité envers le rejeton royal. Il élevait son fils dans la recherche du bien, dans le respect dû au Créateur et l'amour du prochain. Ali donnait à manger aux chiens; il voulait aussi que la chèvre attachée trouvât à brouter au bout de sa corde, selon la parole du Prophète, c'est-à-dire : laisse vivre qui erre (le chien), protége ce que tu asservis (la chèvre)! Avec un tel père, le jeune Hussein serait certainement devenu un vrai sage; mais malheureusement le bon Ali n'avait point compté avec les gens de cour.

Pour nous, nous engageons sérieusement messieurs les souverains à réfléchir gravement sur cette petite histoire que nous offrons à leurs méditations, et nous supplions les apprentis rois de nous prêter un moment d'attention, persuadé que nous sommes que notre moralité parviendra jusqu'à leurs altesses, malgré les censeurs maladroits et le suisse bourru.

II.

Depuis que le soleil brille sur notre petite fourmilière, les oiseaux fêtent son réveil à chaque aurore. De même le jeune Hussein, étant l'astre qui montait à l'horizon de l'empire, voyait incessamment graviter autour de lui tout un monde de satellites : les affamés, les intéressés, les ambitieux, les vaniteux, sots et stupides, levaient les bras, se prosternaient et se vautraient dans la poussière à chaque lever de sa majesté bambine, que les grands politiques du temps nommaient le soleil de l'avenir : le roi alors en était la lune, ce qui n'était pas très-flatteur; mais les pères s'en vont, tandis que les fils arrivent. L'espérance ne s'attache que faiblement à ce qui décroît. D'ailleurs, vous partez, bonsoir! vous arrivez, bonjour! C'est la vie. Bref, la bassesse des courtisans et l'innocence du royal marmouset faillirent causer les plus grands malheurs et compromettre à tout jamais la dignité du trône dans la personne du bon Ali, et cela à propos d'une marionnette.

A quoi tiennent les choses! à quoi tient le sort des États! Un pantin, un arlequin donné au petit Hussein par notre ambassadeur faillit causer et causa en effet les plus étranges scandales dans l'empire ottoman. Il est vrai d'ajouter que cette marionnette était un vrai chef-d'œuvre, et qu'à l'aide de certains ressorts que l'on pressait elle prenait tour à tour les plus bizarres attitudes, gesticulait de la façon la plus originale avec des grimaces du plus ravissant comique, ce qui divertissait beaucoup nos bons musulmans, peuple grave comme chacun sait. Là, notre ambassadeur apprit que flatter la femme du prince n'est rien pour mener la diplomatie à bonne fin; flatter l'enfant de la reine, pas davantage; que l'on court grand risque d'échouer dans ses négociations, si l'on n'a encore pour soi la marionnette de l'héritier. Il était réservé aux bons musulmans de nous prouver cela. Hussein donc adorait sa poupée. Il en raffolait, et tout le monde avec lui. Bientôt le miraculeux pantin vit tout l'empire à ses pieds; en sorte que tout ne tarda pas à aller de travers, sans que le bon Ali sût d'où venait le vent qui soufflait la perturbation dans ses États, et sans pouvoir le réprimer. Enfin les graves désordres dont il gémissait, sans pouvoir les prévenir, jetèrent dans l'âme du sultan cette tristesse sombre qui désolait les sultanes. Et on ne sait guère jusqu'où les choses auraient été sans l'acte déterminé d'un marionnetticide.

III.

Quand la bienheureuse marionnette fit son apparition au palais, les gens de cour, qui ne sont pas des gens de cœur, abandonnèrent le sage Ali, qui en ce moment leur expliquait un verset du livre des livres. Ils le plantèrent tous là, le bonhomme, pour faire cercle autour du pantin adoré; le pantin eut même un compliment; quelques-uns allèrent jusqu'à se permettre de caresser la poupée, qui se laissa faire, tout en gesticulant comme un Européen. Le bon Ali n'eut pas le courage de se fâcher du peu de respect qu'on lui montrait à cette heure, et surtout de l'objet qu'on lui préférait. Peut-être pensa-t-il qu'un pantin qui fait sourire vaut bien un sultan qui prêche, même à propos du Coran.

Bientôt enfin le bon sultan se vit délaissé, peu à peu la marionnette eut une cour. Les courtisans flattaient la marionnette, la marionnette gouvernait le petit prince. Chacun était donc attentif à plaire à la poupée, et plus attentif encore à ne pas lui déplaire. En sorte que l'un et l'autre se disait à son réveil :

— Que pense la marionnette du jeune prince?
— Que dit-elle?
— Que fait-elle?
— Qu'ordonne-t-elle?

Les minarets étaient entourés tous les soirs de braves croyants qui, prosternés sur les dalles, faisaient des vœux et marmottaient des prières pour la conservation du sublime pantin. Le saint derviche même, dans sa prière, surprit ses lèvres qui murmuraient marionnette au lieu de Prophète.

Voilà beaucoup de sottises sans doute pour un peu de carton et de brocard; mais ce qu'on ne sait pas, c'est que ce pantin avait, à ce qu'il paraît, une volonté à lui, qu'il parlait bas à l'oreille du jeune Hussein, et qu'il lui arrivait parfois de se fâcher tout rouge contre telle ou telle personne, qu'il faisait jouer des intrigues, destituer les uns, avancer les autres, emprisonner ceux-ci, décapiter ceux-là; que ses inspirations n'étaient pas sans influence sur les dames du sérail, d'où tous maux peuvent sortir. La marionnette s'emportait; alors, malheur à qui était l'objet ou la cause de ces emportements. Le jeune Hussein n'entendait pas raillerie à cet endroit : fâcher sa marionnette, c'était encourir les plus graves dangers; la faire sourire, c'était monter aux plus hautes dignités. Ce n'était donc plus au sage Ali que l'on faisait la cour, ni à sa femme, ni à son fils, ni à ses chiens, mais à une marionnette.

La chose s'explique d'elle-même.

Ali était gouverné par sa femme, la sultane était gouvernée par son fils, et Hussein l'était par sa marionnette. Les courtisans, à leur tour, faisaient parler la poupée, et tout allait comme ils le voulaient.

Il arriva en ce temps-là qu'une question fut portée devant le conseil du sultan, à propos des juifs qui résidaient dans l'empire. Ces malheureux furent accusés, par un fanatique sans doute, d'avoir médit du divin Prophète du fond de leur ténébreuse synagogue. Un fou assurait la chose, des milliers d'imbéciles la croyaient, et l'ignorance, sous prétexte de foi, demandait vengeance, menaçant de porter le fer et la flamme dans les quartiers habités par les israélites.

Averti à temps par la rumeur publique, le roi appela à lui deux de ses plus habiles conseillers. Il y avait urgence. Le premier était un philosophe, homme doux, qui avait l'habitude de dire :

— Laissons à chacun la liberté de conscience.

L'autre était un homme dur, politique à tous crins, qui ne connaissait qu'une chose, la raison d'État.

— Messieurs, dit le roi en prenant la parole : la clameur universelle nous apprend que les juifs ont mécontenté nos peuples ; qu'allons-nous décider pour cette importante affaire? quelle mesure prendrons-nous envers ces fauteurs de troubles, sans être trop rigoureux toutefois? J'estime que la dureté en toute chose compromet la justice, et que si les puissants doivent l'emporter sur le commun des hommes, ce n'est que par la douceur, par l'humanité de leur gouvernement. Parlez donc; je vous écoute.

L'homme sombre, le politique, prit la parole en ces termes :

— Sire, dit-il, il faut un exemple pour abaisser l'insolence de ces perturbateurs, de ces chiens. Le peuple est indigné, l'opinion publique veut être satisfaite.

— Après? fit le roi avec inquiétude; concluez.

— Je prie Votre Majesté de chasser ces gens de ses États, de confisquer leurs biens, et de faire couper ensuite deux ou trois cents têtes des profanateurs que la loi retient en prison à cette heure.

Cette mesure, toute politique qu'elle était, parut un peu sévère au bon Ali, prince fort débonnaire, comme nous l'avons dit.

—Et vous, Soliman, dit-il au philosophe, votre avis?

— Sire, reprit le brave homme, cœur simple, je répondrai d'abord que l'accusation portée contre les juifs est folle : les juifs sont soumis à nos lois et paient régulièrement l'impôt.

Alors le colloque suivant s'établit entre les deux conseillers avec une égale fureur :

— Ils insultent nos temples, répliqua le politique.

— Ils emplissent le trésor, riposta le philosophe.

— Ils scandalisent l'esprit public! s'écria l'homme sombre.

— Ils font vivre l'État, répondit l'homme sage.

— L'opinion s'en émeut!

— La raison s'en moque!

— La religion veut justice.

— L'hospitalité se voile la face.

Après cette mémorable dispute, on se sépara sans

avoir délibéré. La séance fut remise à un autre jour, tandis que le sage Ali essayait d'équilibrer dans son cœur l'humanité et la raison d'État. En attendant, ordre fut donné de laisser les juifs en repos, de n'attenter ni à leurs biens, ni à leurs personnes, ce qui souleva un léger mécontentement. Le philosophe se frottait les mains, l'homme sombre enrageait.

Quelques jours après, il n'était bruit que des changements accomplis par une miraculeuse marionnette, des déplacements, remplacements, bouleversements, transformations, disgrâces, faveurs, qu'elle remuait pêle-mêle et faisait mouvoir à son gré. Le peuple, qui raille de tout, comme il se fanatise de tout, en riait sous cape; les lettrés souriaient avec tristesse.

Le conseiller philosophe et l'homme sombre s'étaient séparés avec une égale colère, avec chacun une haine implacable au fond du cœur, chacun méditant en soi-même la ruine de l'autre. Ils ne rêvaient plus qu'au moyen d'y parvenir, le philosophe en haine de l'intolérance, le politique par raison d'État. Dans ces dispositions sinistres, ils apprirent d'un laquais, devenu calife par la faveur du pantin, le moyen de gagner la marionnette pour mériter la faveur sollicitée.

Les voici donc réfléchissant longtemps et se mettant en route, chacun de son côté, pour offrir leur hommage respectueux au bonhomme de carton.

IV.

Le premier qui se présenta fut l'homme sombre. La marionnette trônait superbement sur des coussins de la plus fine étoffe. Elle était seule. Le petit prince était alors auprès de sa mère. Du plus loin que le vieux conseiller aperçut la marionnette, il tomba à genoux en s'écriant :

— Marionnette ! charmante marionnette ! ravissante marionnette ! d'où viens-tu ? quel dieu t'a inventée, ainsi tournée, ainsi attifée ? Rien n'est si beau que toi sous le ciel de notre bienheureuse patrie !

Et de temps en temps le fin conseiller regardait autour de lui pour voir si le prince n'entrait pas. Le prince entra.

— O jolie marionnette ! s'écria alors le conseiller avec transport, marionnette gentille, reçois les hommages du plus respectueux des vieillards.

— Eh ! eh ! interrompit le jeune Hussein à la vue du vieux conseiller en adoration devant sa poupée, que dites-vous donc là, monsieur le conseiller ?

— Je console la marionnette de Monseigneur, et la prie de ne pas avoir trop de chagrin, répondit l'homme sombre.

— Ma marionnette du chagrin ! s'écria le prince en alarme ; du chagrin de quoi ? Qui est-ce qui a fâché ma poupée ?

— Hélas ! soupira le diplomate, ce sont ces maudits juifs que votre père retient à cette heure en prison. Leur forfait afflige cette douce marionnette : elle vient de me confesser qu'elle n'aura aucune joie que ces profanes ne soient tous exterminés.

A cette exclamation, le petit prince interrogea sa poupée, qui répondait oui par une inclinaison de la tête. A ce signe, le jeune Hussein courut raconter ses peines à sa mère, la mère au père. Une heure après, une sentence terrible se dressait contre les malheureux juifs.

A peine l'homme sombre sortait-il que le philosophe entrait. La marionnette était à la même place, dans la même position. Le philosophe s'écria en se prosternant :

— O divine marionnette ! étoile des cieux ! soleil de l'univers ! Qu'est-ce que le monde auprès de votre réjouissante beauté ? Rien. Permettez-moi d'embrasser les sacrés genoux de Votre Altesse.

Et comme le jeune prince accourait, il ajouta avec chaleur :

— Ne pleurez pas, charmant pantin. Consolez-vous, nous obtiendrons clémence.

— Qu'est-ce ? s'écria le petit Hussein hors de lui.

— Cher prince ! répondit le philosophe, votre sérénissime marionnette est dans la plus grande perplexité, à cause de l'affreux massacre que le peuple veut faire des juifs ; elle en mourra, cher prince ! elle peut en mourir ; ce massacre la tuera.

— Quoi ! notre marionnette ! est-ce vrai ? demanda le petit Hussein tout troublé.

La marionnette dit oui encore, en inclinant la tête. Hussein en fut vivement alarmé. Il courut chez sa mère ; sa mère courut chez le roi ; un moment après, ordre fut donné de suspendre le massacre. Le même jour, les deux conseillers se rencontrèrent à la Mecque où ils échangèrent un sourire cruel. Les tigres aiguisaient leurs griffes.

V.

A quelque temps de là, le petit prince jouait dans le jardin du roi son père, à l'ombre d'un bosquet où grimpaient le chèvrefeuille, la clématite et la rose sauvage. Il s'amusait avec sa poupée dont il raffolait de plus en plus, quand il entendit des sanglots éclater à l'extrémité du jardin. La curiosité attira le jeune prince, qui fut très-étonné de voir l'homme sombre fondant en larmes et poussant des hélas! Aux questions du jeune Hussein, le vieux conseiller répondit qu'il ne pouvait plus vivre, d'après ce qu'il venait d'ouïr.

— Qu'est-ce donc? demanda Hussein.

— Le malheureux! le malheureux! s'écriait l'homme d'État; il a juré une haine implacable à votre charmant pantin; il a dit qu'il ne prendrait aucun repos qu'il ne l'ait jeté au feu.

— Jeté au feu! exclama Hussein, en serrant contre sa poitrine le bien-aimé pantin.

— C'est là son rêve le plus cher! répondit l'homme sombre, et si l'on n'arrête le conspirateur, c'en est fait de votre aimable marionnette.

Le prince, sans en entendre davantage, s'en alla droit chez sa mère. Que lui dit-il? Que lui raconta-t-il? Comment s'y prit-il? C'est un profond et lugubre mystère. Toujours est-il qu'une heure après on était à la recherche du conseiller philosophe. Hussein le croyait même arrêté, quand il entendit des sanglots à la place où une heure avant il avait rencontré l'homme d'État. Le philosophe fit mine de ne pas s'apercevoir qu'on l'écoutait; il s'agenouilla dévotement et prononça tout haut la prière suivante :

— Saint Prophète! écoutez ma prière. Préservez la marionnette du cher petit prince des atteintes de ce méchant homme, qui a juré de la mettre en pièces et de la livrer toute déchirée aux vents des rues. Saint Prophète! vous connaissez mon profond respect pour la divine marionnette; vous n'ignorez sans doute pas mon amour pour le fils de mon souverain. Oh! saint Prophète! si quelqu'un doit périr, prenez mon sang et sauvez le pantin des conjurations du conseiller maudit.

Et là-dessus, il se mit à maudire bien haut le nom de son implacable adversaire.

A ces mots, Hussein courut tout épouvanté chez sa mère. Le pantin, sans nul doute, était menacé par une double conjuration. Les deux traîtres venaient de se livrer mutuellement. A la suite d'une longue discussion où le jeune prince tomba sans connaissance, où la mère s'évanouit, où le sultan subjugué perdit la tête, on arrêta nos deux conseillers qui furent pendus sans autre forme de procès.

Pourtant le véritable marionnetticide rôdait dans l'ombre. L'heure fatale allait sonner pour le malheureux pantin. Le triomphe n'a qu'un temps. Il dure peu, surtout quand on a des rivaux.

VI.

A son arrivée au palais, le pantin de l'ambassadeur avait porté la mort dans l'âme d'un gracieux personnage, ami de la maison. Ce personnage jusqu'alors avait été choyé, caressé, dorloté. Mais à l'apparition de la marionnette, son crédit baissa tout à coup. Il s'en inquiéta. Il ne lui fut pas difficile d'en deviner la cause. Il vit les caresses prodiguées à son rival, les soins qu'on en avait, et comprit sa ruine; mais le personnage délaissé, relégué dans un coin, n'était pas de ceux qui se contentent de gémir; il se retira dans un angle du palais et se mit à réfléchir gravement, roulant dans son esprit quelque effroyable dessein. On sait que la haine des favoris est implacable. La marionnette triomphante se laissait adorer sans songer le moins du monde à ce qui l'attendait, elle ignorait qu'il ne faut compter sur rien ici-bas, et que le bonheur est fugitif comme l'onde. Le bonheur n'est qu'un météore; il n'y a de fidèle que l'adversité.

Pauvre marionnette ! quelles ténèbres affreuses vont suivre ton soleil glorieux! et quel deuil au réveil!

Hussein avait donc laissé le bien-aimé pantin sur un meuble de l'appartement et était allé se mettre au lit. Tout le monde dormait dans le palais; les gardes seuls veillaient au dehors et faisaient sentinelle, quand, du fond du palais, surgit un énorme angora, le personnage en discrédit; l'animal se glissait doucement, précautionneux, ouvrant l'œil, allongeant le nez et dressant l'oreille, s'aplatissant, se ramassant en lui-même en arrondissant l'échine, dissimulant ses griffes acérées sous sa longue et soyeuse fourrure.

Oui, c'était le chat Grippe-Souris avec sa haine et son besoin de vengeance. Ses yeux brillaient comme deux étoiles fixes dans un ciel sombre. De petites flammes phosphorescentes scintillaient et s'échappaient de sa robe magnifique.

Après s'être arrêté un moment, immobile et silencieux, il jeta à droite et à gauche un rapide coup d'œil, et certain que tout le monde dormait, qu'aucun bruit ne troublait la solitude, il s'avança résolûment vers la malheureuse marionnette, puis enfin bondit sur elle comme un ennemi. Il commença à jouer de la patte; dans son attaque, sa griffe rencontra un ressort. La marionnette se mit à gesticuler, gambader d'une étrange manière. A cette action que l'angora prit pour une mesure défensive, il suspendit les hostilités. La marionnette fit force grimaces, de grands tournements de tête et de roulements d'yeux, mais l'angora n'en fut nullement touché.

— Ce sont là de tes gentillesses, murmura-t-il, bonnes pour des princes et des courtisans, c'est possible, mais très-sottes pour la bataille.

Alors commença un horrible carnage; après avoir traîné sa victime dans tous les coins et recoins de l'appartement, l'avoir mise en lambeaux, le meurtrier, le marionnetticide, s'enfuit lâchement, glissa dans les ténèbres et disparut, le scélérat!

VII.

A peine éveillé, le petit Hussein accourut pour souhaiter un gai bonjour à sa joyeuse marionnette; d'abord, il fut très-étonné de ne pas la trouver à la place où il l'avait laissée la veille. Il appela. — Rien! Il recommença ses appels. — Rien! rien! pas de réponse! Un silence de mort partout. Tout à coup, horreur! il découvrit la tête de la victime gisante au pied d'un meuble et affreusement mutilée. Puis des membres épars, puis enfin des traces d'une lutte acharnée, désespérée, horrible! Bientôt ces cris retentirent dans le palais :

— Au secours! au voleur! à l'assassin! le gueux! le scélérat! le bandit! le corsaire! Ma marionnette! ma chère marionnette! les meurtriers! vengeance! Arrêtez les domestiques! arrêtez nos soldats! arrêtez nos sujets!... Mon père, ma mère... on a tué ma marionnette! on a tué ma marionnette!..

Le bruit d'un tel événement se répandit bientôt dans l'empire. Ce fut un grand deuil pour quelques-uns.

— A qui nous adresserons-nous maintenant pour obtenir les faveurs du prince? Plus de marionnette! tout est perdu! Il ne nous reste plus qu'à nous distinguer à ses funérailles...

Les courtisans, n'agissant plus sur le pantin, le pantin sur le jeune prince, le jeune prince sur l'esprit de la reine, la reine sur le cœur du roi, l'empire enfin commença à respirer.

GRILLONNUS

GRILLONNUS

I.

Le petit Grillonnus dormait, âgé de quelques jours, dans sa barcelonnette d'osier; sa mère, pauvre tricoteuse, veillait auprès, quand une dame vint à passer, une dame aux vêtements en désordre, aux cheveux épars, aux gestes étendus.

Cette dame était la fée aux Odes. Elle sortait d'une académie après avoir déclamé, d'aucuns disent extravagué. Ce qui prouverait que la fée avait beaucoup parlé, c'est qu'elle avait très-soif, tellement soif, qu'elle approcha de la tricoteuse pour lui demander si elle ne pouvait pas *lui verser le cristal d'une onde pure?*

La tricoteuse ne comprit pas ce beau langage.

— Je suis en proie à une soif dévorante, continua la fée; j'ai l'Etna dans la poitrine, dans la gorge une fournaise ardente!

— Ah! Madame a soif? Eh bien, Madame, nous allons vous donner à boire.

La bonne femme courut à l'étable, d'où elle rapporta une jattée de lait, qu'elle offrit de bon cœur.

— Du lait pur! s'écria la fée en levant vers le ciel un regard enthousiaste; sans doute celui de quelque blanche génisse?

— D'une génisse? répondit la tricoteuse; pas plus génisse que vous et moi, Madame... c'est bien celui d'une bonne vache, et d'une vache rousse, ne vous en déplaise.

La fée aux Odes prit une attitude superbe, et but sa jatte de laitage avec solennité. Puis, s'approchant du berceau où dormait Grillonnus, elle contempla attentivement ce bel enfant endormi, et lui souffla sur les lèvres.

— Va, dit la fée en se tournant vers la tricoteuse, va, femme hospitalière, ton fils sera poète, je le veux! Et elle souffla de nouveau sur les lèvres de l'enfant.

— Poète, Madame! qu'est-ce que ça? demanda la pauvre femme.

— C'est-à-dire qu'il enchantera le monde par le charme de sa voix, répondit la fée.

— Ah! notre garçon sera chanteur. Merci tout de même, Madame; ça fait qu'il égaiera les enfants du pays.

La bonne femme reprit tranquillement ses aiguilles, sa laine, et se remit à tricoter, tandis que la fée s'éloignait à grands pas.

Voilà comment ce malheur, d'être poète, advint au petit Grillonnus, dans la jolie ville d'Athènes.

II.

Quand l'enfant fut en âge d'être instruit, sa mère le conduisit chez un maître d'école de l'endroit. Grillonnus n'apprenait ni mieux, ni plus mal que les enfants de son âge. Tout ce qu'on remarquait en lui, c'est qu'il était atteint d'une exaltation maladive qui ne laissait pas de causer de grands soucis à sa pauvre mère; il ne paraissait guère propre à la réflexion. Quant aux études qui demandent du travail et de la patience, le petit Grillonnus devait y renoncer, incapable qu'il était de donner suite à ses idées; il brouillait toutes les leçons dans sa tête; courant plutôt après le mot qu'après la chose, il se faisait remarquer par la sonorité du langage et l'absence de l'idée, aussi bien que par une prétention alarmante à la supériorité; une imagination bouffonne enflait ordinairement les petits discours qu'il faisait déjà. Cependant comme Grillonnus déclamait, chacun allait disant que l'écolier était un enfant de génie, un sublime enfant, et les mères d'envier le bonheur de la tricoteuse qui avait un enfant de génie, et les écoliers de jalouser ce sublime camarade.

La vérité sur tout ceci, c'est que Grillonnus n'était qu'un petit songe-creux, admiré seulement de tous les esprits faux de la localité. Grillonnus, devenu jeune homme, donna tête baissée dans la poésie. Il composa des vers; il fut poète, selon la promesse de la fée. Toutes les académies le couronnèrent. Il remporta des prix à tous les concours; en un mot, il fut accablé de couronnes et d'éloges ; qui le croirait ? Grillonnus pourtant n'était pas heureux ! Les poètes le sont-ils jamais ? Il commença à se plaindre de la fortune qui n'arrivait pas ; à maudire le ciel qui avait mis dans son cœur une âme de feu et qui lui refusait l'air pour déployer son vol. Il commença même par détester les hommes qui n'avaient pas pour son génie toute l'admiration qu'il méritait. Le fils de la tricoteuse croyait descendre réellement, et en ligne directe, du dieu Apollon. Il ne se serait certes pas contenté d'être le petit-fils du poète Orphée : aussi avait-il un certain dédain pour l'humanité, qui le lui rendait bien. Grillonnus avait composé des satires justes, mais amères, contre la plupart des célébrités de son temps, et il s'étonnait de rencontrer par-ci par-là des visages rembrunis et des paroles peu gracieuses. Pourtant, comme il y avait au demeurant un certain charme poétique dans ses élégies, quelques bonnes âmes, même de celles qu'il avait attaquées, essayèrent d'adoucir l'amertume sauvage de ce jeune désespéré, qui pleurait sur le chemin de la vie, comme un enfant dans son berceau.

Un jour qu'il se plaignait que pas un cœur de femme ne répondît à son cœur délaissé, une jolie petite personne blonde, blanche et les yeux bleus, se jeta à son cou, lui mit une main sur la bouche et l'embrassa avec tendresse. Cette jolie petite personne, qui était la fille d'un fermier et qui se nommait Pâquerette, aurait pu lui dire :

— Ingrat !

Mais non, Pâquerette aima mieux pleurer avec ce petit monsieur qui persistait à ne pas se croire aimé. Cependant Pâquerette en était folle ; pauvre fille !

Un autre jour, Grillonnus traversait un carrefour en s'écriant :

— Je suis seul ! toujours seul ! et j'ai vingt ans !

— Parbleu ! monsieur, vous voilà bien à plaindre ! s'écria un vieillard occupé alors à déchirer une à une les pages d'un livre qu'il livrait au vent. Cet homme était vêtu simplement ; une jeune fille grande et brune l'accompagnait et lui disait : « Mon père. » Grillonnus regarda son étrange interlocuteur et demeura interdit de la sérénité de ce vieillard et surpris de la beauté de la jeune fille.

— Vois donc, Héléna ! dit le vieillard en se tournant vers sa fille.

— Elle se nomme Héléna, pensa le poète.

— Vois donc ce monsieur ; ça a vingt ans, et ça se plaint d'être au monde ! Ça n'a perdu ni couronne ni sceptre ; ce soleil qui luit si brûlant sur ma vieille tête n'a pas encore fané la couronne de fleurs de celui-là ; et ça se plaint, et ça blasphème le ciel ! Dieu ! le monde ! Si j'étais roi d'Athènes, comme je vous enverrais ça aux mines ! sans compter que cela ne serait pas l'acte le plus insensé de mon gouvernement ; hein, Héléna ?

Tout en devisant ainsi, le vieillard jetait aux vents un volume de poésies composé en grande partie d'élégies.

C'était celui du poète Grillonnus.

— Votre acte serait celui d'un tyran abominable ! répondit le jeune homme, rouge de colère.

Le vieillard se prit à sourire et lui dit :

— Quoi ! tu chantes dans ta patrie comme l'oiseau dans le bocage qui l'a vu naître, et tu vas criant partout : « Je suis seul ! toujours seul ! » Il n'y a de seuls que les égoïstes et les criminels. Que Pluton vous emporte, élégiaques, avec vos larmes de commande et vos roucoulements de mauvais aloi, avec vos mensonges dorés sur tranche! De quelle hauteur avez-vous été précipités? Le lait de vos nourrices brille encore sur vos lèvres rosées; on a tout fait pour vous, vous n'avez rien fait pour les autres, et vous désespérez à l'âge où l'on sourit, espère et croit. Vos élégies sont de plates sottises colorées seulement par le désespoir de l'orgueil. Qui n'a pas vécu n'a pas souffert, enfant! et qui a souffert et vécu respecte les illusions de la jeunesse et ne commet pas ce crime d'ajouter le désespoir au désespoir.

Ayant parlé ainsi, le vieillard prit le bras de sa fille, et s'éloigna en continuant de déchirer une à une les feuilles du livre qu'il avait à la main et à les livrer aux vents, ce qui faisait rire le peuple.

Il se trouva que ce vieillard était le poète Aristophane.

Grillonnus se vengea du grand comique par une foudroyante satire contre le rieur qui tua, dit-on, Socrate. Il aurait mieux fait de l'adresser aux Athéniens. Cette satire eut un grand succès. Aristophane convint lui-même, en souriant, qu'à défaut de sens commun, il y avait là de la poésie; de la pompe, à défaut de cœur.

Cette colère ou plutôt cette fusée d'un quart d'heure passée, Grillonnus retomba dans sa mélancolie habituelle, et alla promener sa tristesse dans les prés solitaires, à l'ombre des peupliers, rêvant aux chagrins des amours indifférents, quoiqu'il fût aimé, et au désenchantement de la vie qui cependant fleurissait autour de lui, aux désillusions de la gloire, malgré sa popularité.

III.

Au moment où Grillonnus s'approchait d'une petite source qu'il avait nommée *Fontaine des Amours*, en souvenir du jour où pour la première fois il rencontra Pâquerette occupée alors à cueillir du cresson pour son père, une jolie fille blanche et rose se promenait seulette dans les herbes de la prairie. La tristesse de Grillonnus l'avait gagnée, et le doute déjà empoisonnait son âme.

C'était Pâquerette elle-même. Elle errait, interrogeant les cieux, les airs et les oiseaux ; elle disait :

— Vous tous qui chantez, oiseaux ; vous, cieux qui brillez, et vous, zéphyrs qui voltigez, répondez-moi, m'aime-t-il ?

— Un peu, répondaient les oiseaux.

— Beaucoup, murmuraient les cieux.

— Pas du tout, bruissaient les zéphyrs.

Et Pâquerette inclinait tristement sa tête pensive.

— Pourtant, soupirait la tendre Pâquerette, Grillonnus a juré de m'aimer toujours !

En effet, Grillonnus lui avait dit : — Pâquerette, que la gloire couronne mon front radieux, je mets ma couronne à tes pieds, et je t'épouse, toi qui m'as fait connaître l'amour !

— Qu'ai-je besoin de sa gloire ? murmurait Paquerette ; qu'il me garde sa foi, c'en est assez pour mon bonheur.

Grillonnus aperçut Pâquerette à travers les peupliers, et il s'empressa de se dérober à sa vue. Il l'évita, pour rêver... à la jolie fille brune qui accompagnait le vieillard déchireur de livres, à la belle Héléna enfin. Pour la première fois, Pâquerette n'entendit pas la voix de Grillonnus, qui lui disait à la fin du jour : « Bonsoir, ma bonne Pâquerette ! » et son pas qui retentissait dans la vallée sur le pas de la bien-aimée Pâquerette.

Le lendemain, Héléna recevait une ode splendide sur l'amour que sa beauté avait mis dans le cœur du poëte. Le soleil, la lune, les étoiles, les fleurs et les eaux, les perles et les fruits, tout était sacrifié à cette superbe fille.

Héléna reçut l'ode enflammée et se prit à rire. Il se trouva que le pauvre poëte avait affaire à une personne de bon sens, prosaïque, pour traduire l'expression de nos âmes de feu. L'opinion d'Héléna était que l'exagération de la parole trahissait toujours le vide du cœur, et que rien ne ressemblait moins à l'amour que la déclamation ; qu'en général, rien n'était plus sonore qu'une chose creuse, qu'elle soit cœur ou grelot.

Grillonnus ne reçut point de réponse à ses vers ; son ode, bourrée à l'excès, dépassa le but. Le poëte, désespéré, composa une élégie sur l'indifférence, sur la douleur de n'être point compris, et l'envoya à Héléna, qui ne répondit pas davantage. Cependant Pâquerette allait toujours dans la prairie où elle avait rencontré jusqu'ici le poëte désolé, échevelé et plaintif ; elle s'arrêta au bord de la *Fontaine des Amours*. Des larmes brillèrent, comme des gouttes de rosée sur les fleurs, aux paupières baissées de la pauvre fille. Elle soupira, et murmura encore :

— M'aime-t-il ?
— Un peu, disait l'espérance.

— Beaucoup, ajoutait son cœur.

— Pas du tout, murmurait la solitude.

Si Pâquerette eût été poète à la façon de son amant, elle se serait consolée de son abandon en composant une élégie, moyen infaillible; mais non, la pauvre fille, rien ne pouvait, rien ne devait la consoler; elle devait en mourir.

Pour Grillonnus, il s'écriait dans une troisième élégie :

ÉLÉGIE.

> Vents qui soufflez, portez mon âme
> A l'ingrate qui fuit mes pas !
> Torrents du ciel, noyez ma flamme,
> Puisque Héléna ne m'aime pas !
>
> Vainement j'accorde ma lyre,
> Vainement j'élève ma voix :
> La cruelle prend mon délire
> Pour un vulgaire écho des bois.
>
> Apollon, dieu de l'harmonie,
> Étouffe en mon cœur exalté
> Le flambeau sacré du génie ;
> D'Héléna flétris la beauté !
>
> Arrache mon âme asservie
> Aux chaînes d'un fatal amour !
> Brise mon luth, éteins ma vie ;
> Mais qu'Héléna m'aime un seul jour !

Et la douce Pâquerette allait de buisson en buisson, écoutait, attendait, espérait; cependant, tout se taisait autour d'elle. Il lui sembla qu'elle errait dans une immense solitude; elle se pencha pour boire l'eau transparente qui s'échappait de la *Fontaine des Amours* à travers la prairie, puis elle se prit à pleurer. — Hélas ! dit-elle, comme tout est triste ici ! Cette fontaine où nous puisions ensemble ne me dit plus rien ; elle est sans murmure. Mon soleil s'est tout à coup voilé, mon ciel s'obscurcit! Ce feuillage n'a plus de concerts... Je voudrais mourir!...

Tous les jours se passaient ainsi pour la triste Pâquerette. Bientôt, l'amour de Grillonnus pour Héléna fit du bruit, grâce à la publicité que le poète donnait à ses vers. Le public fut bientôt dans la confidence des amours nouvelles de Grillonnus, qui prenait le délire d'un cerveau malade pour le foyer du cœur, l'imagination pour la tendresse, l'exaltation pour le sentiment.

IV.

Pâquerette errait comme toujours dans les herbes de la prairie, répétant :

— M'aime-t-il?

Si quelque chose lui répondit :

— Un peu...

La pauvre fille ne l'entendit pas, et l'espérance n'était plus là pour lui dire :

— Beaucoup!.. Car une voix s'écriait au bord de la fontaine :

— Pas du tout !

Cette voix était celle d'une femme qui portait une couronne en forme de croissant dans ses cheveux d'ébène, et qui avait au dos un carquois rempli de flèches acérées ; à côté d'elle s'élançait une biche légère.

C'était Diane, la déesse des nuits. A cette voix la

sensible Pâquerette tomba morte! Diane, touchée de tant d'amour, changea la fille en fleur; et l'on remarque que la pâquerette s'épanouit au lever du jour, comme pour chercher encore son infidèle dans un dernier regard, et qu'elle se ferme quand vient la nuit, en signe de désespoir. Depuis, fleur naïve et touchante, elle est devenue l'oracle de la prairie. Les jeunes gens qui l'effleuillent au printemps ne manquent jamais de lui demander, avec le sourire du bonheur ou les soucis de l'inquiétude :

— M'aime-t-il?... — M'aime-t-elle?...

Et la fleur, qui ne ment jamais, répond toujours, disent les amants.

Grillonnus, de plus en plus abandonné, se ressouvint un jour de la pauvre Pâquerette. Il eut un remords. Il voulut la revoir et lui demander pardon, réparer ses torts. Il était trop tard. Un vieux berger, témoin de la métamorphose, apprit au poète la fin de son amante fidèle. Grillonnus fondit en larmes, prit une fleur et lui dit :

— Pâquerette, m'aimes-tu? Et chaque fleur, consultée de nouveau, finissait par lui répondre :

— Pas du tout.

— Quand je le disais, s'écria Grillonnus, qu'il n'y avait pas sur terre une femme qui méritât l'encens de nos cœurs! Pas plus la fille des rois que celle du pâtre! Après cet accès d'amoureux délire, le poète résolut de se faire prêtre d'Apollon. Il courut même au temple, le cœur plein de cette résolution. Comme il entrait, voilà que le vieillard déchireur de livres dit à sa fille:

— C'est aujourd'hui que le poète Grillonnus se fait prêtre, par mépris de l'humanité.

Grillonnus ramassa une des feuilles qui volaient

aux vents, et reconnut avec dépit que c'était son livre de poésies que ce vieillard terrible semait par les rues.

— Pauvre Pâquerette! fit Héléna.

A ces mots, Grillonnus brisa sa lyre sous ses pieds, prit le couteau sacré suspendu à l'autel des sacrifices et s'immola au courroux des dieux. Dans ces temps éloignés, on ne pardonnait point au repentir du cœur... on ne croyait qu'à la mort. Mais Apollon, touché de tant de douleurs, souvent méritées, ne voulut pas que cet exemple de la versatilité du cœur et des travers de l'esprit fût perdu pour le monde: il changea Grillonnus en insecte chanteur, lequel est demeuré depuis le poète du foyer et des champs, où il soupire sans cesse après ses amours envolées et sa gloire perdue.

— Bonnes mères, répétait souvent la tricoteuse devenue vieille; bonnes mères, que les dieux préservent vos enfants de la fée aux Odes!

LA FÉE AUX ROSES

LA
FÉE AUX ROSES

I.

— Grâce! grâce! s'écriait une jolie petite personne dont les lèvres étaient pâles de terreur et le visage décoloré.

C'était la fée aux Roses, fuyant sous le souffle de Fin-Grésil, prince du Nord. En vain elle implorait sa clémence : Fin-Grésil, sans rien entendre, soufflait au ciel d'où s'échappaient à sa voix grêlons et grésillons. Et la fée de répéter :

— Que vous ai-je fait, méchant prince, pour m'accabler ainsi? Avez-vous résolu de m'ensevelir vivante sous ces frimas?

— Je l'ai résolu, répondait froidement Fin-Grésil. Fière de ta puissance légère, n'as-tu pas déchiré mon front nu sous les branches épineuses de l'églantier, après en avoir cueilli les roses pour couronner des fronts riches de jeunesse et de beauté?

— J'ai couronné la Grâce, mère du doux Printemps; n'est-elle pas ma sœur?

— Guerre à tes églantines! s'écria Fin-Grésil d'une voix cassée et chevrotante : je les fanerai toutes : roses-pompons, cent-feuilles, si aimées des poètes... bengales, blanches, rouges, jaunes, toutes y passeront!

Comme on le voit, la colère du prince était grande; non moins grande était la terreur de la fée.

Grésil, dont la barbe et les cheveux étaient de neige, le manteau de glace; Grésil, dont les yeux brillaient à peu près comme la lune dans un brouillard, était certainement un prince très-malheureux: le malheur est de tous les rangs et de tous les temps! Grésil avait rêvé d'épouser une princesse, fille de roi. Il y avait un an, à pareille époque, qu'il avait rencontré Vertu et Bonté, toutes deux jumelles et filles du bon roi Charlemagne. Ces princesses se promenaient seules dans les prairies voisines du château, par une belle matinée du printemps. Et l'Amour, qui se plaît à brouiller toute chose, agita son flambeau avec malice sur Grésil, qu'une étincelle atteignit. Il y a du feu dans la glace : il n'est donc pas étonnant qu'une petite flamme ait trouvé asile dans la poitrine du malheureux prince. L'amour naît du hasard et vit de contradictions. Pour Grésil, à l'aspect des deux princesses, son visage pâle se colora soudain comme la neige sous les froids rayons d'un soleil qui se lève au ciel nébuleux des hivers. Déjà il nourrissait quelque espérance dans son cœur, lorsque le bon roi Charlemagne déclara et fit annoncer dans le royaume qu'il donnerait sa fille Vertu à celui qui lui présenterait le rosier le plus rare qui soit au monde, et qu'il donnerait sa fille Bonté à celui qui forgerait la plus belle épée. Fin-Grésil, tout prince qu'il était, ne pouvait rien produire de semblable ; loin de là, tout dégénérait sous ses pas. Il lui était donc impossible de concourir : titre n'est pas puissance. Il pleurait son malheur, quand il rencontra la fée aux Roses, qui, toute réjouie, s'épanouissait au feu d'un soleil printanier.

— Te voilà de bonne heure dans ces climats ! lui dit-il sèchement.

— Je suis accourue sur l'invitation du bon roi Charlemagne, qui aime les fleurs, répondit la petite fée fort joyeuse.

C'est alors que Fin-Grésil s'était écrié :

— Va-t'en, fée maudite ! quitte au plus tôt ces États, ou je t'étouffe sous une avalanche de neige. Viens-tu me susciter des rivaux ? Songe que j'ai juré d'épouser une fille de Charlemagne, Vertu ou Bonté, qu'il me faut l'une ou l'autre !

— Eh bien, concourez, cher prince.

— Eh ! le puis-je ? Ne sait-on pas que l'acier se brise dans mes mains glacées, et que les fleurs se fanent sous mon souffle, plus froid que les vents du nord ?

— Pourtant, prince, je vous trouve aujourd'hui tout feu, tout flamme, répondit la petite fée avec ironie. Faites-vous jardinier.

— Jamais ! Est-ce qu'il est possible d'ailleurs que la jolie princesse Vertu épouse un remueur de terre ? Est-ce qu'il est croyable que la riante Bonté épousera jamais un misérable forgeron ?

— Ces charmantes personnes feront la volonté de leur père, répondit la fée en jouant avec un papillon qui était venu se poser dans sa couronne de fleurs. Je vous engage, prince, à vous faire garçon jardinier.

Je vous donnerai des églantiers si beaux, que le roi Charlemagne en sera tout émerveillé.

— Jardinier! Et ma dignité... On se doit à son rang.

— Vous êtes prince, faites-vous artiste. Mettez-vous à la forge, à l'étau; forgez, ciselez.

— Moi, descendre au niveau du mercenaire! Encore une fois, jamais!

— Adieu, prince; renoncez à ces jolies princesses, et souvenez-vous que travail pourrait bien l'emporter sur dédain. Quant à moi, les fleurs sont mes filles, et je protégerai qui les cultive.

La fée aux Roses allait s'éloigner, lorsque le ciel se couvrit tout à coup, voilant le soleil d'une teinte grisâtre. Le prince du Nord avait soufflé par les airs, et grêlons et grésillons accablaient la petite fée; elle sentit les coups et demanda grâce.

— Non! répondit Fin-Grésil.

— Au secours! fit la petite fée, dont les pieds rougissaient sur la neige.

En ce moment, un jeune homme nommé Éloi, et forgeron de son métier, se jeta entre la fée et Fin-Grésil, pour protéger la fugitive. Le malheur voulut pour ce jeune homme qu'il prît le prince à la gorge : une onglée terrible paralysa instantanément les mains du brave Éloi; ses bras retombèrent comme du plomb en abandonnant l'homme du Nord, qui menaçait de l'étouffer sous son manteau de glace. Éloi prit la fuite. La petite fée fuyait pendant cette lutte inégale. Ayant rencontré un rocher caverneux, nommé le rocher des Ronces, la pauvre fée, morte de froid et de peur, essaya de s'y blottir. Elle se croyait en sûreté, lorsqu'une voix lui cria :

— Ce rocher sera ton tombeau! Les frimas recommencerent à tomber avec une force nouvelle. La bise sifflait au visage blémi de la petite fée. En vain elle joignait ses jolies petites mains roses et suppliantes; Fin-Grésil était inflexible comme la haine, cruel comme la jalousie, lâche comme la calomnie.

A cette heure, un gros garçon avenant et leste traversait la plaine en soufflant dans ses doigts. Le givre tombait avec une telle violence, que notre jeune piéton se hâta pour se mettre un moment à l'abri sous la roche hospitalière. Ce garçon, qui se nommait Alain, était frère d'Éloi. Alain était un fin jardinier de la province. A peine fut-il près du rocher des Ronces, qu'il entendit une voix murmurer:

— Hélas! hélas! qui donc me défendra?

Le jeune Alain porta ses regards dans le creux du rocher d'où partait cette voix lamentable, et fut bien surpris d'y trouver une petite personne, grande et grosse en tout comme un colibri, et dont les épaules étaient à peine couvertes d'un voile si léger qu'on l'eût cru filé à la quenouille de la Vierge.

— Gentil Alain! s'écria la petite fée, gentil Alain, sauve-moi de ce méchant prince qui en veut à mes jours et qui vient de maltraiter ton bon frère Éloi!

Alain se tourna vers Fin-Grésil, qui faisait les quatre temps. « Combattre les princes, pensait-il, est folie. Le plus sage est de les éviter. » Et, ouvrant sa veste de laine, il dit à la jolie prisonnière :

— Ici, Madame, ici! il n'y fait pas froid, venez vite.

La fée aux Roses, sans se le faire répéter, se fourra sous la veste d'Alain. Le gros garçon avait encore beaucoup de chemin à faire, des plaines à traverser pour regagner son chaume, et Grésil, furieux de voir échapper sa victime, faisait siffler la bise et tomber de plus en plus grêlons et grésillons. Alain était leste; il allongeait le pas, baissant le dos, enfonçant son chapeau sur ses yeux, mais courant toujours et serrant doucement sa veste du côté gauche, en même temps qu'une voix hurlait par les airs : « Je me vengerai! je me vengerai!.. » Cette voix fit trembler Alain jusqu'aux os. La fée aux Roses dormait. Arrivé au chaume, le bon jardinier la déposa dans un lit de fin duvet, alluma un grand feu et se mit à rêver au coin de l'âtre, aux titillements du sarment qui flambait.

Le pauvre Alain aimait, qui le croirait? il aimait la fille d'un roi! Un grand coup de vent glissa sur la vitre en grinçant d'une façon terrible, tandis que grêlons et grésillons bondissaient sur la toiture, menaçant de tout briser. Fin-Grésil assiégeait la maison d'Alain. Cependant, le gros garçon accablé de soucis finit par s'endormir.

Alain ignorait l'avis du roi Charlemagne. La fée y songeait.

II.

Ce jour-là, Charlemagne avait déposé le sceptre et la couronne : il était redevenu, pour un moment, homme et père; se délassant ainsi du fardeau de l'empire, il se promenait dans son grand jardin, sous les feux d'un doux soleil, souriant avec bonhomie aux paroles de deux belles personnes penchées avec confiance à chacun de ses bras. Elles étaient blondes toutes deux; toutes deux avaient le regard bleu et tendrement élevé vers le bon roi, qui les contemplait tour à tour avec une égale affection. Une robe blanche à long corsage, aux plis réguliers et chastes, ceignait leur taille svelte et flexible. Elles marchaient doucement, leurs jolies mains croisées sur l'avant-bras paternel. Charlemagne, qui était fort grand, ressemblait ainsi au chêne abritant d'innocentes violettes.

Ces deux demoiselles parlaient du même son de voix, marchaient de la même marche, souriaient du même sourire; en un mot, elles étaient sœurs, sœurs jumelles et filles du roi Charlemagne. L'une se nommait Vertu, l'autre se nommait Bonté. Ces charmantes personnes avaient une telle ressemblance que le monde les confondait, même la reine et le roi, à qui cela était égal, se plaisant dans leur amour à ne pas les distinguer. En ce moment, le roi souriait et disait :

— Oui, mes enfants, j'ai voulu que les habitants de mes États s'adonnassent un peu à la culture des fleurs, qu'ils négligent trop. Les doux parfums sont les contre-poisons des courants insalubres.

— Vous avez raison, papa, répondaient les jumelles.

— Voilà pourquoi j'ai promis ma fille Vertu à l'homme habile qui m'apportera le rosier le plus rare. S'il est simple citoyen, je l'anoblirai. Je le ferai riche, si Dieu l'a fait pauvre.

Vertu soupira.

— Est-ce que ma fille n'est point de notre avis? demanda le roi, remarquant que le visage de Vertu devenait soucieux.

— Je n'ai pas d'autre volonté que la vôtre, père, répondit-elle d'un air qui contrastait avec sa parole.

— Quant à Bonté, fit le roi en se tournant vers l'autre jumelle, je l'ai promise au plus habile forgeur de mon royaume : je prétends anoblir ces hommes de forte race, vivant au feu et broyant le fer.

Une larme glissa furtivement sur la joue rosée de la princesse Bonté.

— Est-ce que ma fille n'est pas de cet avis? demanda le roi, remarquant le visage attristé de sa fille.

— Je n'ai pas d'autre volonté que celle de mon père, répondit-elle d'un petit air boudeur. Puis les deux princesses soupirèrent à la fois.

— Hélas!...
— Hélas!...

— Ainsi, c'est convenu : Vertu épousera un gentil jardinier; et toi, Bonté, tu épouseras un intrépide forgeron ; et vous serez, je l'espère, heureuses et aimées de mon peuple que vous honorerez ainsi.

— C'est égal, père, répondit Vertu, je voudrais bien ne pas vous quitter.

— Ma sœur a raison, fit à son tour Bonté ; il est bien cruel de quitter ses parents! Et les petites jumelles prirent une mine véritablement attristée.

Vertu avait la modestie des vierges et la candeur des enfants. Bonté avait le sourire des anges et la tendresse des colombes. Aussi le bon roi Charlemagne se disait à part lui : Ces chères petites, comme elles nous aiment! La seule pensée de nous quitter les met dans une peine véritable. Il n'y a que nos enfants pour nous aimer ainsi.

Là-dessus, il rentra au conseil, où ses ministres l'attendaient!

III.

— Plus souvent! s'écria Vertu à sa sœur; plus souvent que j'épouserai son jardinier!

— Et moi, s'écriait aussi Bonté, plus souvent que j'épouserai son forgeron!

— Nous serions bien sottes! disait Vertu.

— Bien godiches, en effet! répondait Bonté.

— Je me soucie bien de son rosier sans pareil, disait Vertu.

— Je me moque bien de ses armures invulnérables! s'exclamait Bonté.

— Certainement que je n'épouserai pas son rebouteur! disait l'une.

— Ni moi son batteur de fer! disait l'autre.

— Encore... fit Vertu, en attendrissant sa voix qu'elle avait naturellement douce; encore si ce jardinier se nommait Alain...

— Oui, soupirait Bonté qui avait un cœur excellent, si ce forgeron, au moins, se nommait Éloi... A ces mots les deux sœurs se séparèrent, rêvant chacune de leur côté à la tyrannie paternelle, qui leur choisissait un mari sans consulter leurs cœurs et l'état de leur conscience. C'était assurément peu sage. Mais Charlemagne objectait les raisons d'État. Une princesse appartient bien plus à la politique qu'au sentiment, du moins tel était l'avis des rois en ce temps-là.

Chemin faisant, Vertu rencontra Fin-Grésil. Fin-Grésil la salua avec respect. Vertu accueillit ce salut en souriant. L'homme du Nord en fut tout aise, et, prenant courage, il dit à Vertu qu'elle était belle comme un astre; compliment qui remonte à la naissance du monde. Le malin prince pensa que l'heure était venue enfin d'avouer son amour aux jumelles; il lui sembla bon de commencer par Vertu qui, la première, s'offrait à sa rencontre : ce qu'il fit. Vertu, loin d'en paraître courroucée, se plaignit au prince de la dureté de son père, qui ne lui permettait pas de se choisir un mari.

— A quoi songe, en effet, le roi? répondit Fin-Grésil. Y songe-t-il vraiment! Donner ses filles à des gens qui travaillent! est-ce là de la haute et bonne politique ?

— Hélas! soupira Vertu d'un petit air hypocrite.

— Donner une belle personne comme mademoiselle la princesse, à quelque obscur pépiniériste! c'est une honte!

— Hélas! soupira de nouveau la charmante Vertu.

— Mais, rassurez-vous, princesse, je ferai tant, que tout mourra dans les champs maudits de ces planteurs de choux ; je soufflerai si bien grêlons et grésillons, que le germe mourra dans sa graine, et que la sève fuira le cœur des plants.

— Ah! prince, combien vous méritez que l'on vous aime! fit la petite princesse; et elle s'éloigna en ayant l'air de sangloter.

Fin-Grésil était dans une grande joie. Un peu plus loin, il rencontra Bonté, qui lui rendit un gracieux salut. Fin-Grésil, qui était un profond politique, jugea qu'il serait bon de se ménager cette princesse dans le cas où l'autre lui échapperait : — On tient ce que l'on tient! disait-il. Il lui avoua donc qu'il avait pour elle une grande tendresse.

— Oh! si je m'appartenais... fit Bonté tout en larmes.

— Oui, je sais, répondit le prince jaloux, que Charlemagne prétend donner ses filles à quelque retourneur de terre, fondeur d'acier ou broyeur de fer, au lieu de les donner à quelque honorable personnage qui ne fait rien ; mais il est du devoir de tout prince bien né de s'opposer à ces idées étranges.

— Hélas ! soupira Bonté.

— Donner une jolie personne comme mademoiselle la princesse, à quelque noir et obscur forgeron, n'est ni d'un roi ni d'un père.

— Hélas ! soupira de nouveau l'aimable Bonté.

— Mais, rassurez-vous, princesse, je ferai tant, que les usines s'éteindront, et qu'enclume et marteau casseront comme verre sous mon souffle glacial.

— Oh ! prince, combien vous méritez que l'on vous aime ! fit la petite princesse ; et elle s'éloigna en ayant l'air de sangloter.

L'homme du Nord pensait bien qu'un bon mariage avant peu couronnerait son ambition ; mais il avait compté sans la fée aux Roses ; et si nous voyons tout à coup la charmante Vertu, et Bonté, sa sœur, devenir dissimulées comme des petites filles de bourgeois et délurées comme des enfants du peuple, c'est que l'aimable fée s'était invisiblement glissée auprès des princesses, et que, connaissant l'état de leurs cœurs et les prétentions de Fin-Grésil, elle leur avait conseillé de se servir de celui-ci, tout en s'en moquant. On a vu comment ces naïves et tout innocentes princesses s'en étaient tirées.

Fin-Grésil commençait son travail de destruction dans les jardins et les usines du pays.

IV.

Le soleil s'élevait dans un ciel aux vapeurs légères, à l'azur d'un bleu tendre : deux jolies personnes, sveltes, blondes et les yeux bleus, se promenaient rêveuses dans l'herbe nouvelle, se disant :

— C'est aujourd'hui que notre père appelle au concours le rabouteur et le batteur de fer.

— C'est vrai ! Que va-t-il arriver ? répondait Vertu à sa sœur Bonté.

— Pauvre Alain ! disait l'une.

— Pauvre Éloi ! disait l'autre.

— Pourquoi n'est-il pas gentilhomme ! soupirait Vertu.

— Ou prince ! murmurait Bonté.

— Dieu veuille que le seigneur Fin-Grésil ait réussi ! disaient les deux jumelles en joignant les mains.

— Dis donc, Vertu : est-ce que tu lui as promis quelque chose, à cet homme de glace ?

— Dame ! ma sœur, j'étais bien embarrassée... ne voulant pas épouser le rabouteur qu'attend notre père ! Et toi, Bonté, est-ce que tu lui as fait espérer quelque chose, à cet homme du Nord ?

— Dame ! ma sœur, à moins que je ne me résignasse à épouser le batteur de fer de papa, il a bien fallu promettre aussi.

— Pauvre fou !

— Pauvre sot !

Ceci fut un aparté des deux ravissantes jumelles. Elles se regardèrent et se mirent à rire aux éclats.

Cependant le prince Fin-Grésil, pâle, essoufflé, toussant d'une toux sèche et sifflante, approcha des jeunes princesses, courbé en deux, appuyé sur un long bâton. Comme au demeurant ces princesses étaient d'excellentes filles, elles furent alarmées de l'état pitoyable où était réduit le prince. Fin-Grésil avait tellement bien soufflé, avait tellement couru jour et nuit, que son triomphe lui avait coûté une phthisie pulmonaire. A peine put-il dire : Nous triomphons!... tant sa toux était âcre... Mais les deux sœurs, émues et joyeuses, de s'écrier :

— Bon prince!
— Cher prince!
— Je me meurs! disait Fin-Grésil.
— Prince aimable!
— Prince charmant! répondaient les deux jumelles.
— Je ne vous verrai plus! répétait Fin-Grésil, toussant plus que jamais.
— Que vous êtes bon!
— Que vous êtes généreux! s'écriaient les charmantes filles du bon roi Charlemagne.

En ce moment, deux frères, bras dessus, bras dessous, Éloi le forgeron et Alain le jardinier, se rendaient gaiement au rocher des Ronces, selon que la fée aux Roses le leur avait ordonné. Les deux sœurs les aperçurent de loin, elles se rapprochèrent l'une de l'autre : leurs cœurs battaient violemment. Éloi et Alain pénétrèrent sous la roche, qui se changea sur l'heure en un palais couvert et enveloppé de roses de toutes sortes. La fée, qui les attendait, avait opéré ce miracle d'un seul coup de sa baguette. Les deux jumelles tombèrent à genoux en se tenant embrassées; puis elles virent sortir du nouveau palais le gentil

Alain dans de beaux habits de fête, et le brave Éloi en habits de fête aussi, d'un goût plus sévère pourtant. Alain avait sur son chapeau une couronne de fleurs; à celui d'Éloi brillaient des ornements d'acier : la petite fée, assise triomphalement dans un char qui parcourait les airs et traîné par des oiseaux de toutes couleurs et de tous ramages, ouvrait la marche aux deux compagnons, qui la suivaient d'un pas dégagé.

— C'est mon gentil Alain!
— C'est mon brave Éloi! s'écrièrent à la fois les deux sœurs.

A ce cri, Fin-Grésil tourna ses regards vers l'ancien rocher des Ronces, et son dépit n'eut pas de bornes quand il vit ce palais, la fée volant dans les airs et les deux compagnons la suivant. Il rassembla ses forces pour tout anéantir dans un dernier effort. Ce dernier effort lui coûta la vie. Ses poumons se déchirèrent; il rendit l'âme aux pieds des princesses, qui s'enfuirent épouvantées.

Les dernières vapeurs des cieux se dispersèrent; le soleil brilla d'un pur éclat, un souffle plus tiède se répandit sur la nature réveillée.

Enfin le concours s'ouvrit.

V.

Le roi Charlemagne était assis sur un trône d'azur et d'or, entouré de la reine, de ses filles et d'une cour nombreuse; la foule était considérable : chacun était dans l'attente. Fin-Grésil avait si bien travaillé, qu'Alain se trouva sans concurrent. Il se présenta donc rayonnant d'espoir et d'amour au pied du trône.

— Comment te nommes-tu? lui demanda le roi.

— Je me nomme Alain, horticulteur au château des Églantines, répondit notre compagnon. Ce nom plut fort à la reine. Vertu riait sous cape.

— Et voici mon chef-d'œuvre, ajouta-t-il en tirant de dessous sa veste, du côté gauche, un petit vase doré où croissait un rosier d'une espèce si mignonne qu'à peine l'apercevait-on à l'œil nu.

La reine, qui le prit dans ses mains royales, en fut tout émerveillée; mais sa surprise fut extrême quand elle vit ce rosier fleurir entre ses mains et, pour ainsi dire, sous son haleine. Sa Majesté en poussa un cri de joie et d'admiration. Le nom d'Alain parcourut la foule. Le bon roi Charlemagne le pressa dans ses bras en le nommant son fils. Vertu était rouge de bonheur.

Le second compagnon se présenta.

— Comment te nommes-tu? lui demanda le roi.

— Je me nomme Éloi, compagnon au château des Forges; et voici mon chef-d'œuvre, ajouta-t-il en présentant au roi une épée forte et flexible, d'un modèle rare et achevé, celle enfin qui, depuis, a servi au sacre du roi Charles X, et que l'on voit encore dans une galerie du Louvre. Charlemagne en fut tellement enchanté, les hommes d'armes si émerveillés, qu'ils applaudirent avec transport aux paroles du roi, qui nommait Eloi son second fils. Bonté versait des larmes d'attendrissement et de bonheur.

Les deux compagnons se jetèrent dans les bras l'un de l'autre, tandis que la fée, qui avait donné le rosier divin, et inspiré à Eloi l'idée du glaive, semait dans les airs, sur le trône et sur la foule, une véritable pluie de roses et de bouquets de toutes sortes. Puis un cri s'éleva au milieu du peuple comme une bénédiction : « Vive le bon roi Charlemagne, qui encourage *le travail* et *les arts!* »

NOUSISIKOUF

NOUSISIKOUF

I.

Dans une ancienne ville de l'Égypte, nommée Ville-du-Soleil, il y a bien longtemps de cela, les passants rassemblés lisaient une affiche que chacun commentait à sa guise. Cette affiche disait :

Ici, on apprend à lire aux enfants sans le concours des verges. On répond de leur sagesse et de leur obéissance.

Et les uns de hausser les épaules, les autres d'approuver. L'école du nouveau maître ne tarda point à s'emplir de tous les enfants gâtés, partant insoumis, qui peuplaient le voisinage. Plus d'un fut retiré de la classe d'un professeur grave et sévère pour être conduit à celle du bon maître Cimon. L'engouement pour ce mode d'instruction fut extrême. C'était nouveau, cela devait réussir.

Pourtant, la Ville-du-Soleil n'était point, comme la cité parisienne, variable et légère.

Quoique l'autorité paternelle fût grande dans ce pays, les pères, ce jour-là, durent céder à l'enthousiasme des mères : le sentiment, qui n'est pas la raison, l'emporta sur la force, qui n'est pas la justice. Un charlatan n'aurait pas mieux réussi que le bonhomme Cimon, trop philosophe, sans doute, pour faire un excellent maître d'école, mais à qui on ne pouvait en vouloir, vu son exquise sensibilité.

Aussi disait-il un jour :

— Non, nous ne sommes pas de ces maîtres intraitables, qui font gloire et métier de recourir à la férule pour châtier les innocentes peccadilles de leurs élèves.

— Et cependant, doux maître, ces hommes ont raison, interrompit soudain un gros chat noir, commensal du logis, tout engoncé alors dans sa fourrure et blotti qu'il était dans un coin de la cheminée.

Cimon fut très-étonné d'entendre parler son chat, et surtout de l'entendre prendre la parole sur cette grave matière.

Après cette affirmation, Nousisikouf (c'était le nom du chat), Nousisikouf ferma à demi ses yeux, qui étaient jaunes, après avoir jeté sur le brasier, qui était ardent, un regard ennuyé comme par un jour pluvieux. Puis, il murmura entre ses dents blanches, longues et aiguës :

— Il y a des gens, bonnes gens du reste, qui s'imaginent que la Sagesse naquit dans un berceau, quand nos voisins d'Athènes disent, au contraire, qu'elle est sortie tout armée du cerveau de Jupiter !

Ceci était un coup de patte à l'adresse de Cimon,

qui ne put s'empêcher de sourire à cette réflexion un peu chagrine du noir Nousisikouf.

Le fait est que Nousisikouf n'était point un chat ordinaire : il était grave, n'était ni voleur, ni coureur comme les chats de son espèce; même, chose rare chez ces sortes d'animaux, il aimait son maître; il était doué même de quelque fidélité.

Il avait des mœurs.

En cela, ne ressemblant pas à ces chattes câlines et traîtresses qui, la nuit, font tapage dans les gouttières, cherchant noise aux matous refrognés ou indifférents sur le faîte des toitures.

Nousisikouf passait des journées à réfléchir en plein soleil l'été, au coin de l'âtre l'hiver; et comme alors il regardait en dedans, les enfants prétendaient que Nousisikouf était un gros sournois, un dissimulé.

En effet, Nousisikouf était peu communicatif; point bavard. A peine parlait-il de la pluie et du beau temps : ce qu'il exprimait en se léchant la patte qu'il promenait gravement sur son museau, ensuite par dessus son oreille. Alors Cimon disait :

— Nousisikouf nous annonce de l'eau.

Et on avait de l'eau.

Cimon enfin remarqua qu'il y avait quelque chose de surnaturel dans les allures et les habitudes de ce chat. Aussi le traitait-il avec beaucoup d'égards.

Enfin, l'école ouvrit. Il faut en raconter les merveilles.

II.

Pendant huit jours, tout alla assez bien : on fut à peu près sage. Cimon s'en réjouissait; on en causait. De quoi ne cause-t-on pas ! Mais quand on se fut familiarisé avec la figure et les habitudes du maître (les enfants se familiarisent vite), les choses ne tardèrent pas à changer de tournure. L'esprit d'indiscipline s'empara de l'école. Abuser n'est-il pas dans la nature?... Puis, le malheureux maître avait un extérieur, hélas! bien peu fait pour commander l'obéissance.

— Qui n'a pas un air terrible, disait encore Nousisikouf, ne doit attendre nul respect de la part de ses administrés.

Le bonhomme Cimon avait soixante ans, âge respectable assurément, si les enfants respectaient quelque chose. Cimon était petit, difforme, avait les bras tordus, les jambes maigres et de grands pieds. De quoi riaient fort les écoliers.

Ainsi fait, il était enjoué, fin conteur, et se plaisait en compagnie des bambins qu'il trouvait charmants.

— C'est égal, murmurait Nousisikouf d'un ton grimaud, vous feriez bien, cher maître, de ne pas vous y fier et de vous armer provisoirement : la prévision est aussi une mesure du sage; de vous armer, dis-je, d'une bonne poignée de verges ou d'un bon martinet.

— Eh ! fit Cimon en tirant avec gaîté l'oreille du chat conseilleur, si j'étais le grand Sésostris, je te ferais mon premier ministre; mais, faute de mieux, je puis te faire moniteur général.

Nousisikouf, tout engrimacé, se retira dans l'âtre où il bouda comme de coutume.

Or, il arriva qu'un jour, nos petits Égyptiens étant réunis au préau, l'un d'eux prit la parole et dit :

— Camarades, si vous y consentez, nous mêlerons nos tartines et nous ferons la *dînette*.

La proposition était gaie, on l'adopta.

— C'est donc moi qui ferai les parts, ajouta l'auteur de cette nouveauté.

Cette demande toute naturelle fit scandale et souleva quelques murmures. Ceux qui apportaient le plus à la *dînette* prétendaient que l'honneur de distribuer les parts leur revenait de droit. Peut-être avaient-ils raison. Mais le petit Assan, se mettant sous la protection de sa découverte, répondait :

— J'en suis naturellement l'ordonnateur. Cela pouvait bien être.

Cette grave question faillit tout compromettre. Cependant l'honneur de faire le partage demeura au jeune Assan. Mais, à compter de ce jour, la Discorde, une grande femme sèche et jaune, vint semer la zizanie dans l'école. De suite, elle forma deux partis : l'un sous le nom des *tartines grasses*, l'autre sous le nom des *tartines maigres*. Un certain Abdallah, dont le père était un peu juge en la Ville-du-Soleil, représentait le parti des tartines grasses, Assan représentait l'autre. La grande femme sèche et colère les jetait à corps perdu au milieu du raisiné et du fromage mou.

Il y avait en même temps un petit écolier nommé Ali, travailleur solitaire et infatigable. Il était demeuré seul et n'avait pas voulu dînetter. Les partisans des tartines grasses vinrent le trouver et lui dirent :

— Ali, pourquoi n'es-tu pas venu avec nous ? Viens

à la *dînette;* tu ne seras pas seul, et nous couvrirons ton pain bis de bonnes confitures bien sucrées.

— Je n'entends point manger le raisiné de personne, avait répondu le sage Ali.

— Eh bien! tu es un mauvais camarade.

Ali ne répondit rien et continua d'étudier avec patience; la patience, c'est la force, et de vivre avec sobriété : la sobriété est la nourriture du sage.

Le bon maître Cimon souriait à tous ces petits débats : l'idée de la *dînette* le ravissait; il en était tout aise.

Pourtant, il y avait bien par-ci, par-là des visages rembrunis, des brumes dans la Ville-du-Soleil, qui menaçaient plus d'une fois de tourner à l'orage.

Les tartines maigres étaient exigeantes et ombrageuses; les tartines grasses, suffisantes et ambitieuses. Et quoique Assan mît beaucoup d'impartialité dans ses distributions, on trouva d'un côté qu'il donnait trop, de l'autre pas assez. Un jour, Assan s'écria, pour apaiser une querelle entre les deux camps et pour empêcher qu'on n'en vînt aux mains :

— Les tartines maigres sont tenues à la modestie vis-à-vis des tartines grasses, et les tartines grasses sont tenues à la bienveillance vis-à-vis des tartines maigres.

— Cette sortie, qui ne contenta personne, ruina l'autorité du malheureux Assan.

Il est impossible à tout pouvoir d'être impartial.

Nousisikouf, toujours grondeur, prétendait que ces écoliers, si préoccupés de l'administration de la *dînette*, n'apprenaient rien, ne savaient rien, si ce n'est bavarder et se quereller. Il en augura mal pour l'avenir de l'école.

Vinrent les vacances. Nos écoliers remarquèrent avec étonnement que le jeune Ali avait remporté un grand nombre de prix, au nombre desquels était le grand prix de sagesse. Les tartines maigres lui en voulurent de se distinguer ; les tartines grasses le regardèrent avec dépit. Et tous rentrèrent dans leur famille, persuadés que leur doux maître n'était qu'un vieux radoteur, n'entendant rien à la justice distributive. Ils l'accusèrent hautement d'avoir des préférences. Quelques-uns même allèrent jusqu'à dire que le jeune Ali était un petit rapporteur, sans quoi il n'aurait point eu le prix de sagesse.

Cependant l'opinion de Nousisikouf était que maître Cimon avait agi avec un grand sens.

Les vacances expirées, l'envie et le dépit ramenèrent nos petits Égyptiens à l'école.

III.

La ligue des tartines grasses contre les tartines maigres recommença de plus belle. On ne s'entendit plus dans la classe ; la désobéissance fut organisée. Comme le jeune Ali se plaignait qu'on troublât ses études, les tartines maigres le traitèrent de *petit monsieur* et les tartines grasses l'appelèrent *capon*.

L'enfant pleura.

Ce que voyant Nousisikouf, il s'approcha doucement et lui dit tout bas :

— Ali, tu es un écolier studieux. Si demain jeudi tu veux crier par la ville : Vive le capitaine Nousisikouf! je mettrai tous ces turbulents à la raison, et ils te laisseront tranquille.

Ali répondit :

— Je le veux bien.

Pourtant il demanda :

— Qu'est-ce que c'est que ça, le capitaine Nousisikouf?

— C'est un prince, mien cousin, qui aime beaucoup les enfants, répondit celui-ci.

— Ah! c'est un prince! exclama l'écolier. Sois tranquille, je crierai bien fort : Vive le capitaine Nousisikouf!

L'anarchie continuant dans l'école, le maître s'en plaignit, mais inutilement; car le lendemain un polisson indigne, et quelque peu artiste, osa dessiner la caricature du bon maître sur les murs de l'école. Cimon en ressentit un grand chagrin. Toutefois, il effaça l'insulte en silence et sans en rechercher l'auteur.

Nousisikouf en fut attendri. Cependant il roulait dans sa tête des projets terribles!...

Le désordre ne s'en tint pas là : le raisiné et le fromage mou se brouillèrent de plus en plus; on envoya se promener l'étude. Maître Cimon voulut menacer; il était trop tard : les écoliers rirent en dessous à cette menace du bonhomme. Puis un jour on profita de l'absence du maître pour courir sus à sa jolie vaisselle en terre d'Égypte, pour faire la *dînette* plus dignement et plus à l'aise.

A cette vue, Nousisikouf fit un grondement sourd et prolongé.

Ali mangeait son pain avec tranquillité. Comme les *dînetteurs* l'en raillaient, Nousisikouf miaula :

— Enfants, aucune science ne progresse dans le tumulte, aucun bien ne s'accomplit dans le désordre.

Voilà pourquoi l'enfant studieux recherchera la solitude et s'éloignera du bruit.

La surprise fut grande dans l'école : on ignorait l'éloquence de ce Grippe-Souris ; de quoi se mêlait-il ? Il était alors juché sur le faîte d'une armoire. Les uns rirent, les autres s'inquiétèrent. Mais Nousisikouf ayant ajouté :

— De l'indiscipline naquit l'autorité !

Le petit artiste fit de nouveau la caricature du bonhomme Cimon, et cette fois ce fut une tête d'âne qu'il lui mit sur les épaules.

Ali effaça la caricature avec indignation. Les tartines grasses applaudirent à cette action courageuse d'Ali pour humilier les tartines maigres, auxquelles appartenait le spirituel et méchant artiste.

Assan comprit la perfidie, et, furieux, il lança son assiette à la tête d'Abdallah.

La mêlée devint générale : après s'être disputés comme des avocats, les malheureux se battaient comme des hommes !

Nousisikouf n'avait pas quitté l'armoire où il faisait le gros dos, méditant sans doute sur les malheurs et les dangers des dissensions intestines.

Il paraît que ce grand destructeur de rats avait quelque idée politique, comme on va voir.

IV.

Cimon arriva au plus fort de la bataille. Sa physionomie devint sombre. Les écoliers, prompts à deviner ce qui se passe dans l'esprit du maître, regagnèrent, cette fois, leurs places avec agilité. Ils se rappelèrent un moment la parole de Grippe-Souris :

« De l'indiscipline naquit l'autorité. »

Le bonhomme Cimon sentit qu'il n'était plus rien chez lui, que son pouvoir était à jamais perdu.

Il passa dans son cabinet pour y dissimuler sa peine. Et, profitant de l'étonnement silencieux que cette action du maître jetait dans l'école, Nousisikouf descendit lentement de son armoire, se glissa vers Assan et lui dit tout bas :

— Assan, si demain tu veux crier par les rues : Vive le capitaine Nousisikouf ! je te débarrasserai de ces tartines grasses qui te font la guerre.

— Je le veux bien, répondit Assan.

Pourtant il demanda :

— Qu'est-ce que c'est que ça, le capitaine Nousisikouf?

C'est un prince, mien cousin, qui aime beaucoup les enfants, répondit Grippe-Souris.

— Ah! c'est un prince! exclama Assan ; sois tranquille, nous crierons bien fort : Vive le capitaine Nousisikouf!

Nousisikouf, enchanté, se faufila doucement jusqu'auprès d'Abdallah et lui dit :

— Abdallah, si demain tu veux crier par les rues : Vive le capitaine Nousisikouf ! je te débarrasserai de ces tartines maigres qui te font la loi.

— Je le veux bien, répondit Abdallah.

Pourtant il demanda :

— Qu'est-ce que c'est que ça, le capitaine Nousisikouf?

— C'est un prince, mien cousin, et qui aime beaucoup les enfants, répondit ce dernier.

—Ah! c'est un prince! exclama l'écolier; sois tranquille, Grippe-Souris, nous crierons bien fort : Vive le capitaine Nousisikouf!

Si ces enfants eussent été des observateurs, ils auraient vu que ce chat singulier souriait dans sa barbe, d'une étrange manière.

Sur ces entrefaites, Cimon entra et dit :

— C'est demain jeudi, jour de congé. Partez; la classe est finie. J'espère que vendredi vous verra plus sages...

Les écoliers sortirent avec confusion, poussant des cris et se battant par les rues...

D'un bond, Nousisikouf arriva aux pieds de Cimon.

V.

— Bon maître, lui dit-il, vous m'avez recueilli un jour que je mourais de chagrin et de maladie dans une gouttière de la ville. Je prétends aujourd'hui vous en prouver toute ma reconnaissance et jouer un bon tour à ces petits espiègles.

— Toi! mais qui donc es-tu, mon bon Nousisikouf?

— Je suis fils du divin Pluton.

— Vraiment! s'écria Cimon. Et d'où viens-tu, bon Nousisikouf?

— Des enfers.

— Des enfers!

— Oui. Mon père m'a changé en chat et jeté sur la terre, par la peur qu'il a que je prenne en main les affaires de son gouvernement.

Tout pouvoir est soupçonneux.

Mais il cède enfin aux supplices de ma mère : une chauve-souris est venue m'apprendre cette nuit, tandis que je rôdais sur les toits, qu'il me sera permis, demain, de prendre une forme humaine, sous le nom du capitaine Nousisikouf. Je vous promets que dorénavant vos écoliers seront dociles... Adieu, maître !

Et Nousisikouf disparut sous la terre qui s'entr'ouvrit.

VI.

Le lendemain, au jour, d'énormes moucherons voltigeaient par la Ville-du-Soleil et bourdonnaient :

— Écoliers d'Égypte, voici venir le capitaine Nousisikouf !

— Ah ! ah ! faisait Ali, il va enfin nous débarrasser du raisiné et du fromage mou. Vive le capitaine Nousisikouf !

— Dieu soit loué ! disait Assan, il va nous débarrasser d'Abdallah et de son ambition. Vive le capitaine Nousisikouf !

— *Dinette* restera entre mes mains, murmurait Abdallah. On va mettre Assan à la raison. Vive le capitaine Nousisikouf !

Cependant les moucherons parcouraient les airs et bourdonnaient de nouveau :

— Désormais, qui parlera mal, verra sa langue jetée aux chiens !... Qui écrira mal aura les doigts tordus !... Qui troublera la classe sera fourré dans un cachot noir et profond !...

Écoliers turbulents et rebelles, c'est à vous que ceci s'adresse, selon la volonté du capitaine Nousisikouf.

Et un personnage gigantesque entra dans la Ville-du-Soleil qu'il parcourut au galop.

Une barbe longue et rousse flotte sur sa poitrine bardée de fer, d'argent et d'or. Une couronne flamboyante surmonte son front colère, son front où s'agitent des sourcils rouges et contractés. Ses yeux, aux paupières écarlates, promenaient sur les écoliers, accourus en foule, des regards menaçants, menaçants comme le sabre pendu à son flanc gauche et retenu par une énorme chaîne d'acier.

Cimon ne fut pas peu surpris de voir les écoliers indociles semer des fleurs sous les pas de cette majesté terrible en la saluant du cri de : Vive le capitaine Nousisikouf! Il rentra chez lui, alluma un grand feu de ses livres, dédaigneux de l'étude désormais, et plein de mépris pour des élèves si ingrats et si sots !

BOUTON D'OR

BOUTON D'OR

I.

Eh bien! reine, comment vont vos confitures?

— Pas mal. Et vous, sire, comment vont vos alouettes?

— Parfaitement.

Les personnages qui se questionnaient ainsi étaient effectivement occupés, l'une à faire de la gelée de groseilles, l'autre à faire rôtir des alouettes à côté d'un plat de petits pois verts de Clamart, lesquels fleurissaient déjà à cette époque reculée.

L'homme avait devant lui un tablier de toile blanche qui s'étalait avec emphase sur une culotte courte de velours bleu. Il avait aux jambes des bas chinés. Sur ses souliers carrés luisaient de belles boucles d'argent. Cet homme était joufflu comme un chérubin, rouge comme une pomme d'api; quant à son ventre, il pointillait de même qu'une taupinée dans un pré. Pour son visage, c'était une grappe de plant de roi, sous un bonnet de coton dressé sur sa tête majestueuse comme la flèche d'une cathédrale et noué d'un joli ruban rose à bouffette.

Tel était le bon roi Brabançon.

Cette petite femme, riante comme une cerise, aux joues rondes et veloutées comme une pêche de Montreuil, chaussée de pantoufles vertes, vêtue d'un cotillon à raies jaunes et bleues retroussé de chaque côté par une cordelière d'argent et d'or, était madame Brabançon, femme du roi, la reine.

Comment un roi en était venu au point de se faire cuisinier et une reine confiseuse, voilà ce qui doit étonner et étonnera sans doute, et c'est là ce qu'il est impossible de ne pas expliquer.

Le roi, qui était fort aimé, les rois l'étaient encore en ce temps-là, la reine, qui était adorée, les reines le sont toujours, régnaient avec douceur sur leurs peuples naïfs, partant soumis. Au bout de dix ans d'un règne sans nuages, le roi et la reine s'avisèrent de se trouver fort à plaindre : la raison de ceci, c'était que Dieu ne leur envoyait pas d'héritier. Les savants et les saints avaient été consultés à ce sujet, mais toujours vainement. La science et la prière avaient échoué au laboratoire comme à l'église. Le peuple, qui pensait ne pouvoir vivre sans maîtres, partageait les soucis domestiques de ses bien-aimés souverains. Le royaume était plongé dans le désespoir. Cependant un brave moine, ami de la maison et confesseur de la reine, avait fini, à force de jeûnes et de mortifications de toutes sortes, par toucher la bonté divine : le roi Brabançon eut un héritier.

Tout le pays fut en liesse. On tira beaucoup de fusées et de pétards; on brûla nombre de chandelles sur les fenêtres; même il y eut des concerts et des danses publiques. Les dames des halles envoyèrent une députation au château. Une harangère improvisa pour la circonstance un compliment dans lequel elle disait :

« Jour de ma vie! chère dame, vous n'étiez jus« qu'ici qu'une reine estimée, morguène! il ne vous
« restait plus que d'être une bonne mère, ce qui est
« bien plus, allez! En aimant votre marmouset, vous
« saurez bien mieux ce qui manque aux nôtres. Voilà
« pourquoi le pauvre monde se réjouit de votre ma« ternité. Votre bonheur fait notre espoir. A présent,
« Madame, permettez-moi de vous embrasser! »

La reine embrassa la grosse harangère, et chacun se retira le cœur rempli de la plus douce jubilation. Un savant nommé Hermann, et Allemand, tous les savants sont Allemands, trouva que le discours valait bien un fromage sans doute; pourtant il aurait bien voulu n'y pas voir figurer le mot marmouset appliqué au rejeton royal. Autre était l'avis de la reine, qui le trouvait plaisant. Le moine fut comblé de cadeaux de toutes sortes, ce qui déplut fort au savant, qui pensait avoir plus fait pour la royale géniture que toutes les paroles marmottées par un pauvre moine dans un obscur offertoire.

II.

Mais, pour les rois comme pour les particuliers, la vie n'est qu'heur et malheur, dit le sage. Ce qui fut une cause de joie pour le bon roi Brabançon et la reine, ne tarda pas à leur devenir un sujet de peine. L'enfant, né vivace, en grandissant, devint tout à coup indifférent à toutes choses. Les jouets dont on l'entourait le fatiguaient; les mets étalés à profusion sur la table royale ne lui inspiraient que dégoût. Il était sans gaieté comme sans appétit. Il était malade.

La véritable maladie du prince, c'est qu'on avait entravé la vie en son cœur, à force de prévenir ses volontés; le prince n'avait plus même la force de rien désirer. Et le peuple, qui sait donner un nom à toute chose, avait nommé l'héritier présomptif : prince Dolent. Dolent, cependant, ne manquait pas d'intelligence, il avait du jugement; cependant il s'ennuyait, à cause de cela peut-être. Le vrai malheur du jeune homme encore, c'était qu'il avait une âme de montagnard dans la poitrine d'un prince. Il manquait d'air, de liberté. L'étiquette le tuait. Ses nobles parents le voyant ainsi dépérir, faute d'appétit, s'imaginèrent qu'un horrible complot était dressé contre les jours de leur cher enfant, que des conspirateurs indignes avaient gagné les cuisiniers pour mêler un poison lent et funeste aux aliments du prince. Pleins de cette préoccupation touchante, le bon roi Brabançon ainsi que la reine ne voulurent plus que personne se mêlât de leur cuisine, et résolurent de préparer eux-mêmes les aliments du royal héritier.

Voilà pourquoi nous voyons le roi Brabançon et sa femme soufflant les fourneaux, tournant les broches et remuant les bassines. En rira qui voudra; cette folie en vaut bien une autre. Les pères de famille seront de notre avis.

— Enfin mes confitures sont parfaitement réussies! s'écria la petite reine toute joyeuse.

— Mes alouettes, que béni soit le ciel! vous ont une couleur à donner envie à un aveugle et un goût à donner appétit aux morts, dit à son tour le roi, tout en se léchant les doigts et se frottant l'abdomen. On dressa la table avec gaieté. Le prince Dolent vint s'y asseoir d'un air profondément nonchalant, et, malgré tous les soins que sa pauvre mère et que son excellent père avaient mis à préparer le repas, le prince ne put goûter à rien.

Le savant, consulté de nouveau, répondit par une longue dissertation sur la construction de l'estomac, sur la nécessité de posséder de robustes poumons, ces puissants ressorts de la vie, disait-il; sur la richesse ou la pauvreté du sang; sur les tempéraments sanguins ou nerveux, les lymphatiques et les bilieux. Toutes choses fort savantes, sans doute, mais qui ne concluaient à rien quant à la santé du prince Dolent. Le moine haussait les épaules. Dolent bâillait. Le roi Brabançon et la reine contemplaient leur cher enfant avec inquiétude.

— Le siége de la maladie est là, continuait le docteur en touchant du doigt la poitrine du prince.

Le moine se prit à sourire du sourire de l'incrédulité, et dit :

— Pardon, mon opinion à moi est que la maladie est autre part..... et il indiquait le front pâli du prince.

— Je vous comprends, mon père : l'âme ! Et il se mit à ricaner bruyamment.

— Oui, Monsieur, l'âme, fit le moine avec le respect qu'il puisait dans son humilité.

— *Amen!* s'écria le docteur avec impertinence. Puis il ajouta, rouge de colère :

— Ignorance! mépris de la science! Dire qu'il y a dans le monde des milliers d'êtres qui vivent comme des animaux, ignorants de la maladie et de la santé. On boit, on mange, sans se douter même qu'on est un peu plus bas que la brute qui paît ou qui rampe, de même que *Bouton d'or* qui habite là-bas la grande forêt avec un animal, un vieux sauvage, qu'elle nomme son père.

— *Ainsi soit-il*, fit le moine..... et prononçant mentalement ces paroles de l'Évangile : HEUREUX LES SIMPLES! il sortit.

III.

Il est des noms dont la consonnance mystérieuse porte en eux ce charme singulier que l'on éprouve sans se l'expliquer, qui nous fait rêver sans y réfléchir, que l'on admire sans les connaître. Au nom de *Bouton d'or*, prononcé par Hermann, Dolent avait levé la tête et porté sur le docteur un regard profondément interrogateur. Le savant avait fait semblant de ne pas comprendre, et Dolent était retombé dans sa somnolence habituelle. La nuit vint. On se mit au lit. Et le bon roi Brabançon disait à sa femme :

— Notre garçon est bien malade, chère femme.

La reine pleurait.

— Pourtant, dit-elle, j'ai cru qu'il allait parler quand le docteur a prononcé le nom de *Bouton d'or*.

— *Bouton d'or!* Qu'est-ce que c'est que ça? demanda le roi.

— Une petite brute, répondit la reine, du moins à ce que dit le savant.

— Ah! oui, le savant..... fit le roi qui commençait à perdre confiance dans l'infaillibilité de la science.

A peine faisait-il jour qu'un jeune homme, d'ordinaire paresseux, descendait un peu plus vite que de coutume les marches du palais et s'avançait d'un pied moins lourd vers le vieux coteau boisé situé à plus d'une lieue de la ville. C'était Dolent, que le nom de *Bouton d'or* avait empêché de dormir et qu'une vague lumière attirait sur ce chemin comme un voyageur engagé dans une nuit sombre.

Dolent avait eu soin de revêtir un habit de paysan pour échapper à l'œil vigilant des gardes comme aux regards curieux du peuple. Il voulait être seul. Il avait donc mis la veste gros bleu à pans carrés, le gilet rouge, les grandes guêtres blanches, et, un bâton de cornouiller à la main, il s'était mis en route.

Comme il gravissait la montagne, une jeune fille de quinze à seize ans, svelte comme un lis, vive comme un oiseau, légère comme une biche, se dirigeait vers une petite source entourée d'herbes fraîches et de petites fleurs rouges et bleues, ombragée de bouleaux qui miraient dans son onde claire leur front verdoyant et penché. La jeune fille avait pour tout vêtement une pièce de lin jetée sur ses épaules d'une blancheur de neige, et ceinte à la taille avec les branches du gui de chêne. Ses grands yeux mobiles, un peu inquiets, d'un bleu sombre, semblaient inondés de flamme et de tendresse. Mais ce qu'elle avait surtout de remarquable, c'était sa chevelure, d'une abondance, d'un bouclé et d'une couleur étranges. Ses cheveux, pour le ton, ressemblaient à ces petites fleurs vives des prés qui croissent sur une tige légère et qui semblent emprunter leur éclat à l'or pur. Son père, en comparant l'enfant à cette fleur agreste des prairies et des bois, avait fini par la nommer *Bouton d'or*. En effet, la charmante enfant ressemblait ainsi à la fleur de ce nom, si connue des petites filles et des jeunes garçons.

Comme elle avançait vers la fontaine pour y puiser de l'eau dans une cruche de grès, Dolent apparut inopinément de l'autre côté et se trouva ainsi à peu de distance de la jeune fille. Dolent la salua avec tristesse. *Bouton d'or* répondit au salut du prince par une révérence fort enjouée.

— Mademoiselle est bien matinale, dit Dolent en lui adressant la parole.

— Pas plus que vous... et les oiseaux étaient réveillés avant moi, répondit *Bouton d'or* en plongeant sa cruche dans l'eau claire. Puis, se relevant avec agilité, elle s'enfuit à travers les broussailles. Dolent arriva aussitôt qu'elle en face d'une habitation de forme bizarre. C'était une sorte de hutte faite en cône et terminée par une ouverture d'où s'échappait la fumée. Cette habitation était faite de bois puissamment enchevêtré et bâtie avec de la glaise. Une paille épaisse lui servait de toiture. Les murs étaient d'une nudité sauvage. Seulement, au dessus de la porte, exposée au midi, figurait une énorme tête de loup.

Dolent resta immobile au seuil de la porte, n'osant le franchir. *Bouton d'or* lui fit signe d'entrer et lui offrit une tasse de lait de chèvre qu'il but avec un plaisir extrême. La jeune fille lui dit : On me nomme *Bouton d'or;* et vous, lui demanda-t-elle, comment vous nomme-t-on?

— Je me nomme François, répondit Dolent.

— Eh bien, monsieur François, vous avez un bon visage. Vous me plaisez. Si vous voulez revenir demain, nous irons cueillir des violettes.

Dolent revint le lendemain et les jours suivants, tantôt pour cueillir des fraises, des noisettes ou des fleurs, sous un prétexte ou sous un autre, mais il revenait toujours.

Si bien que la reine Brabançon put remarquer que son fils avait moins de tristesse dans les yeux et que ses joues si pâles reflétaient quelque éclat.

C'est qu'en effet Dolent avait une petite flamme au cœur, allumée aux regards éclatants de *Bouton d'or*. Depuis ce jour, un changement sensible s'opérait dans la santé du prince. Le savant ne manquait pas d'attribuer ce miracle à certaines herbes dont il avait composé un breuvage que le prince ne buvait pas.

Un jour Dolent, s'étant levé plus tôt qu'à l'ordinaire, se dirigea comme de coutume vers la source bien-aimée. Le soleil se levait à l'horizon dans des flots de nuages orangés. Il rêvait à l'éclat d'un spectacle qu'il n'avait jamais vu, à ces parfums qu'il n'avait jamais respirés, à ces concerts charmants qu'il ignorait. Pour la première fois de sa vie, Dolent se sentait heureux, quand il entendit une voix qui disait à quelques pas de lui :

« Coule, petite source des bois, pour rafraîchir de tes eaux pures la poitrine du prince Dolent qui est malade. Chantez, oiseaux, pour égayer un peu l'âme de ce cher prince qu'on dit si triste. Brillez, feu du ciel! élève-toi, soleil! azur, élargis-toi pour apporter aux yeux sombres du prince Dolent cette fleur de sérénité, ce vif éclat qui rend les mères tranquilles sur la santé de leurs enfants. »

Et il sembla au prince que la source coulait plus vive, que les oiseaux avaient plus d'harmonie et les cieux plus de clarté. Il se glissa à travers les broussailles pour voir quel était l'ange du ciel qui formait de si doux vœux. Sa surprise fut bien grande lorsqu'il le vit. Cette voix était celle de *Bouton d'or*. La jeune fille avait alors sur la tête une couronne de roses sauvages, où se mêlaient le bleuet des champs et le rouge coquelicot. Le prince s'approcha d'elle avec une émotion dont il ne se rendit aucun compte. *Bouton d'or*, selon son ordinaire, offrit au prince une tasse de lait de chèvre. Le prince l'accepta et lui dit :

— Vous connaissez donc le prince Dolent?

Elle répondit :

— Moi? pas du tout.

— Pourquoi faites-vous des vœux pour sa santé, alors?

— Parce que papa me l'a recommandé.

— Votre père le connaît donc?

— Non. Mais mon père aime le roi.

— Ah !

— Parce que le roi est bon, généreux, et qu'il chérit son peuple.

— Qu'a-t-il reçu du roi, votre père ?

— Rien.

— Alors, pourquoi l'aime-t-il?

— On ne peut vouloir du mal à ceux dont tout le monde dit du bien. Mon père et moi nous faisons des vœux comme tout le monde.

Le peuple rend en bénédictions ce que les rois font pour l'humanité, aurait pu ajouter la petite causeuse.

Elle se contenta de soupirer.

— Ne vous ennuyez-vous pas dans cette grande forêt où vous vivez seule? demanda Dolent.

— Je ne changerais point nos bois contre les belles villes, répondit *Bouton d'or*.

— Pourtant, si on vous offrait un palais?

— Je préfère notre simple cabane.

— Pourtant, si votre père voulait habiter la ville?

— Je ferai la volonté de mon père; mais sa résolution est de finir ses jours ici.

Dolent soupira à son tour.

IV.

Un chien s'élança dans la cabane, tout harassé de fatigue. Après avoir léché la main de *Bouton d'or*, il alla se blottir dans un coin.

— Voici mon père qui revient, fit la jeune fille en s'élançant sur la porte. Dolent n'avait jamais rencontré le père de *Bouton d'or*. Aussi eut-il un moment d'inquiétude. De quel œil cet homme verra-t-il chez lui la présence d'un étranger?

Un personnage, grand comme un chêne, une peau de daim sur le dos, des guêtres de cuir aux jambes, des sourcils presque blancs, une longue barbe rousse flottant sur la poitrine, le fusil sur l'épaule, parut soudain; *Bouton d'or* s'était élancée dans ses bras en s'écriant :

— Mon père!

— Ah! voilà le garçon dont tu m'as parlé, dit-il, en jetant un regard profond sur Dolent. Soyez le bienvenu, jeune homme, dit-il, en lui tendant la main. Vous êtes du pays, à ce que m'a dit notre fille?

— J'en suis, répondit Dolent.

— En ce cas, je vous retiens à dîner. *Bouton d'or*, prépare la table et donne à boire. Le repas fut simple. Dolent mangea d'un bon appétit. Un orage terrible s'éleva sur la forêt. Dolent passa la nuit dans la cabane, étendu sur une botte de paille, où il dormit très-bien. Au jour, le père de *Bouton d'or* siffla son chien, prépara son arquebuse et dit à Dolent :

— Nous allons à la chasse, en êtes-vous?

— Volontiers, répondit le prince.

Et s'armant à son tour, il suivit le vieux chasseur.

V.

Le lendemain, l'inquiétude était grande au château. Tout le monde était en émoi, les gardes couraient par la ville à la recherche du prince. Toutes les maisons furent visitées, les personnes interrogées. Rien! aucune découverte, aucune réponse. Une seule personne alors ne partageait pas l'inquiétude générale. Le bon moine, vers la fin du jour, dit à la reine et au roi :

— Il nous reste une cabane à visiter là-bas dans la forêt.

— Courons-y, fit la petite reine Brabançon, tout en larmes.

Une heure après, on frappait à la cabane de l'homme rouge, comme on appelait le père de *Bouton d'or*.

Dolent, fatigué d'une chasse de toute la journée,

accablé de faim, mordait dans un morceau de pain noir, découpait un morceau de lard grillé dans une assiette de faïence, en face d'un grand verre rempli d'un gros vin noir, riait à gorge déployée en racontant à *Bouton d'or* les aventures de la chasse, quand le roi et la reine entrèrent accompagnés du moine et du savant.

Bouton d'or se leva rapidement, courut se jeter dans les bras du saint homme en lui disant :

— Bonjour, mon bon oncle !

— Bonjour, frère, fit à son tour l'homme rouge en lui tendant la main. Dolent croyait rêver.

— Frère, dit alors le bon moine, le prince Dolent a disparu du palais depuis hier. Le roi et la reine sont dans la désolation. N'auriez-vous pas rencontré le prince, mon frère? Si vous l'avez vu, dites-nous-le au plus vite.

— Je n'ai pas vu le prince, répondit simplement l'homme rouge.

— Et vous, jeune homme, dit le savant en s'adressant à Dolent lui-même, n'auriez-vous pas rencontré ce cher prince?

— N'auriez-vous pas rencontré notre cher enfant? demandait la reine en sanglotant.

— N'auriez-vous pas vu notre cher fils? demandait le roi, dont le visage était un peu défleuri.

Alors Dolent, n'y tenant plus, se jeta tout en pleurs dans les bras de ses bons parents.

VI.

— Quoi ! s'écria le roi, ce garçon qui boit du gros vin noir dans un grand verre, qui rompt du pain dur avec voracité, qui broie du lard salé sous ses dents affamées ! quoi ! c'est là mon fils, mon pauvre fils si chétif !...

— Chétif ! s'écria l'homme rouge ; songez, Sire, que le prince a fait aujourd'hui quinze lieues à courir un daim ; que d'un seul coup de cette mauvaise canardière il a jeté bas l'animal.

Le savant allait vanter son élixir, quand Dolent, prenant la fille de l'homme rouge par la main, la présenta au roi et à la reine en disant :

— Voilà mon médecin.

— Fille du comte de La Roche, gentilhomme breton, que de profonds chagrins ont conduit dans ces lieux par misanthropie, ajouta le saint homme.

— Monsieur le comte, fit le roi, en s'adressant au père de *Bouton d'or*, nous vous devons plus que la vie. Quittez cette hutte indigne de vous, indigne de votre enfant, et venez à la cour.

L'homme rouge gardait le silence. Son visage était devenu triste et rêveur.

— Je vous en supplie, mon frère, fit le moine.

L'homme rouge parut attendri devant les regards noyés des deux jeunes gens.

A quelque temps de là, le roi et la reine Brabançon appelaient *Bouton d'or* leur chère fille ; et Dolent, une jolie princesse au bras, disait en visitant la hutte abandonnée et la vive fontaine :

— Je vous dois l'existence, ma belle fleur des herbes.

— Et moi mon éclat, répondait *Bouton d'or*.

— Vous êtes ma vie, disait le prince.

— Et vous, mon soleil.

— Sans vous je m'éteignais.

— Sans vous je mourais obscure. Maintenant, Monsieur, il faut vous occuper de l'avenir de vos peuples.

— Oh! maintenant, je suis fort : quelqu'un m'aime, je veux être appelé prince actif désormais.

— Et bon! fit la jeune femme en souriant.

VII.

« Docteur, humilions nos fronts en face des puissances invisibles, répétait le bon moine au savant.

— Je conviens que la princesse est bien jolie, répondait Hermann... cependant la science...

— Elle sera toujours impuissante à guérir les inquiétudes de l'esprit, » fut la dernière réponse du moine.

LA MÈRE AUX ENFANTS

LA
MÈRE AUX ENFANTS

I.

Qu'avez-vous donc, notre homme, disait la Fouine, à nous regarder en dedans avec ce grand silence ? On dirait que vous pensez à quelque chose de mal, à quelque chose qui vous afflige. Qu'avez-vous donc, notre homme ? répéta la Fouine.

— Je n'ai rien ! avait répondu Guilain avec humeur, tout en abaissant davantage son grand chapeau rond sur ses yeux, devenus plus sombres encore à la question de sa femme.

Le fait est que le malheureux Guilain était alors plongé dans une grande rêverie.

Depuis dix ans, le bon Guilain s'était marié en secondes noces avec la Fouine, femme acariâtre et désagréable au dernier point. Malheureusement, Guilain avait trois enfants de sa première femme, de sa bonne Marianne; trois filles nommées Catherine, Élisabeth et Marie. L'aînée avait dix ans, la dernière sept. Le bon cultivateur avait de sa dernière femme un petit garçon âgé de cinq ans à peine. Il se nommait Colas. Guilain aimait beaucoup ce fils, la Fouine en était folle. Quant aux petites filles, elles semblaient être tout à fait oubliées à cause de ce petit garçon ; quelquefois même elles étaient rudoyées par la belle-mère, sans que leur père osât y trouver à reprendre.

Ces pauvres petites orphelines vivaient dans une gêne continuelle à cause de l'humeur brutale de cette méchante femme. Frêles, pâles et tristes, à peine osaient-elles lever les yeux sur les yeux sans cesse en courroux de leur belle-mère. Quand le petit Colas, qui était fort méchant, les battait, les égratignait, elles souffraient tout cela en silence, par la crainte d'être grondées, même par leur père, dont la faiblesse finissait toujours par donner raison à sa femme. Ces pauvres petites filles étaient donc véritablement malheureuses. Aussi leur arrivait-t-il souvent de penser à leur mère, si bonne, mais qui n'était plus, et de l'invoquer soir et matin dans leur prière. Leurs voix furent-elles entendues ? On le pense, et c'est là ce qui explique pourquoi Guilain remuait l'âtre avec ses grands yeux en dedans.

Un jour, Guilain s'en revenait bien tard à son chaume, la hotte au dos et le pic dans sa hotte. Le brouillard s'élevait épais au-dessus du grand bois. Les coteaux semblaient gravir et toucher au ciel. Les nuages fuyaient rapides, chassés par les vents qui mugissaient en ce moment. Guilain, les bras croisés sur sa poitrine et les mains fourrées sous sa veste, approchait d'une fondrière qu'il allait suivre pour gagner le plateau qui se dressait devant lui, quand il vit ou crut voir une ombre blanche surgir tout à coup d'un épais buisson, s'arrêter un moment, puis le fixer avec tristesse. La première pensée de Guilain à la vue de cette ombre immobile et silencieuse fut de prendre la fuite; cependant il n'en fit rien, même il se prit à sourire de cette minute de peur. Il s'affermit donc dans ses sabots, toussa fortement, cheminant comme si de rien n'était, même il lui sembla qu'il doublait le pas. La vérité est que le vigneron n'avançait qu'en tremblant et peu vite.

L'ombre ne bougeait pas. Guilain cependant appuya sur la droite autant que cela lui était possible dans la fondrière, laissant l'ombre sur la gauche. Il y avait entre Guilain et la chose qui l'interloquait un intervalle de quinze à vingt pas. Arrivé dans le voisinage du buisson, au moment de le dépasser, des sanglots prolongés se firent entendre. Le vent siffla plus fort, le ciel se couvrit davantage, le buisson s'agita violemment. Bientôt Guilain trébucha dans les ténèbres, ne sachant plus où tourner ses pas. Il s'arrêta, puis il entendit soupirer d'un accent qui n'est pas celui des villes :

— Hélas ! hélas ! hélas !...

Il tourna les yeux dans la direction du buisson, et vit comme une forme humaine agenouillée, vêtue d'un cotillon de futaine bleue, coiffée d'une cornette blanche, un long voile blanc la recouvrait de la tête aux pieds; puis il vit l'ombre se redresser, lever les mains au ciel à son approche en prononçant ces tristes et singulières paroles :

— J'ai laissé trois beaux enfants sur la terre; ces

trois enfants sont bien malheureux ; ayez pitié de mes trois enfants, brave homme qui passez !...

Et la voix parcourut toute la fondrière, et toutes les sinuosités du chemin creux répétèrent à la fois :

— Hélas ! hélas ! hélas !

Guilain fut remué jusque dans les entrailles par le son de cette voix qu'il crut reconnaître et des paroles étranges qu'elle prononçait. Il ferma les yeux avec terreur. Quand il les rouvrit, le ciel était clair, les vents calmés, la lune et les étoiles brillaient au ciel; de robustes vignerons revenaient au chaume, riant et causant dans la vallée. La vision avait disparu.

Guilain garda soigneusement le silence sur cette aventure. Seulement ce jour-là il embrassa ses filles avec une larme sous ses paupières et une tendresse qui n'était plus dans sa coutume. Guilain avait aimé sa femme, la bonne Marianne, comme on disait d'elle au village; en sorte que Guilain s'était mis en tête que cette vision qui lui était apparue au bois de la fondrière pouvait bien être l'âme en peine de sa bonne Marianne ; et voilà pourquoi le lendemain et les jours suivants la Fouine, sa seconde femme, le surprit rêvant en face de l'âtre, avec des yeux qui regardaient en dedans.

II.

Un autre jour, Guilain, poursuivi par un fantôme éploré, demandait à la Fouine :

— Où donc sont les enfants?

— Au travail, répondit-elle tout en versant des

pommes pourries et du lait caillé dans l'auge du porc.

— Comment! au travail! s'écria Guilain occupé alors à fourrer de la paille dans ses sabots ; à quel travail?

— Eh bien! au travail de chez nous donc, à celui de la campagne.

Guilain haussa les épaules avec un mouvement de mauvaise humeur. La Fouine, qui s'en aperçut, se redressa, la face tout empourprée, pour riposter :

— Vos enfants ne sont pas de si biaus seigneurs. Pourquoi ne feraient-ils pas comme les autres? La terre n'est point plus basse pour eux que pour moi.

— Je ne vous dis pas ça, répondit le bon vigneron. Seulement, répondez à ma demande : où est Élisabeth ?

— Aux champs, à glaner.

— Et Catherine?

— Aux prés; elle fait de l'herbe pour nos vaches. Ça vous gêne peut-être.

— Et Marie, où est-elle?

— Dans la forêt ; elle ramasse du bois mort pour la provision d'hiver. Ne faut-il pas donner à la jeunesse le goût du travail? ajouta-t-elle avec un ricanement rempli de colère et de méchanceté noire.

— A la jeunesse d'accord, riposta doucement l'honnête vigneron; mais mes filles sont encore des enfants.

Là-dessus la Fouine s'emporta, roulant avec vivacité deux petits yeux gris, creux et ronds, en même temps qu'elle montrait des dents jaunes, longues et aiguës :

— Je travaille bien, moi, et pour qui? pour des enfants qui sont les vôtres.

— Vous êtes une méchante femme, répondit Guilain ; j'ai fait une sotte affaire en me remariant.

— Et moi une mauvaise ! hurla vivement la Fouine, allongeant un cou long, rouge, maigre et ridé, tout en fourrant une mèche de cheveux roux sous un madras jaune à raies rouges.

— Pauvre Marianne ! soupira Guilain.

— Vous n'avez des yeux que pour ceux-là, grogna la Fouine. Et, prenant le petit Colas dans ses bras décharnés, elle fit éclater des cris affreux.

— Vous êtes une bête, dit alors Guilain.

Et, prenant hotte et faucille, il sortit pour se rendre à la moisson.

III.

Vers la fin du jour, qui avait été fort long, les trois petites orphelines s'en revenaient, harassées de fatigue, avec une bien faible charge au dos. A la vue d'une aussi maigre journée, la Fouine tempêta comme de coutume. Après leur avoir donné à chacune un morceau de pain sec chichement taillé, elle leur ordonna de s'aller mettre au lit. Ce soir-là Guilain s'était attardé chez un voisin à qui il racontait ses chagrins domestiques et sa peine, à cause de la Fouine qui n'aimait point ses filles. Cependant les petites pleuraient, enfermées dans une chambre au fond du logis, qu'éclairait en ce moment un rayon de la lune.

— Mes sœurs, ne pleurez pas ainsi, dit l'aînée avec douceur, prions plutôt notre bonne mère qui est au ciel.

— Oui, prions notre mère, firent les petites orphelines.

Et se jetant en bas du lit, elles se mirent à genoux toutes les trois, priant les mains jointes et les yeux tournés vers le ciel. Ces pauvres enfants fondaient en larmes. Un grand silence régnait au dehors. Les orphelines avaient à peine achevé leur prière, qu'une ombre blanche apparut aux carreaux de la chambre qui donnait sur la rue. Les enfants eurent peur d'abord ; mais l'ombre, écartant le voile qui lui couvrait la face, leur sourit avec tant de bonté qu'ils ne tardèrent pas à se rassurer, et, élevant doucement la voix, l'ombre leur dit :

— Pauvres enfants ! ne pleurez plus : votre mère veille sur vous du haut des cieux.

Un cri soudain s'éleva dans la chambre poussé par les petites filles :

— Ma mère !

Guilain, l'âme pleine de trouble, s'en revenait. Il demeura un moment interdit à la vue de la femme blanche, occupée à regarder par la fenêtre dans la chambre des petites et causant avec elles. Le pauvre bûcheron ne sut bientôt que devenir lorsqu'il vit l'ombre s'éloigner en murmurant :

— Pauvres petites ! pauvres petites !

L'ombre regagna le chemin du cimetière et disparut. Guilain se précipita vers la croisée, et fut bien surpris de voir ses filles à genoux dans la chambre, priant et pleurant. En entrant, il demanda à la Fouine ce que faisaient les petites.

— Elles dorment, répondit-elle avec humeur.

Guilain fut à leur couchette. Les enfants dormaient. Le pauvre homme se crut maudit. Il ne put clore la paupière de toute la nuit. Cependant une heure avant le jour, succombant à la fatigue, il s'endormit profondément. La méchante femme profita du sommeil de son mari pour aller tourmenter les orphelines.

— Allons, tôt! hors du lit, paresseuses, s'écriat-elle en les découvrant avec brutalité; n'avez-vous pas assez dormi? Allez vite à l'ouvrage!

Élisabeth s'en fut à l'herbe, Catherine au bois et Marie au glanage. Après s'être embrassées, les petites sœurs se séparèrent, allant au travail chacune de leur côté.

IV.

En arrivant aux champs, Élisabeth fut très-étonnée d'y trouver, de distance en distance, des petits tas d'herbe nouvellement cueillie, de la plus tendre et de la meilleure. Elle déploya donc son tablier et se mit à l'emplir de ces bonnes herbes qui avaient une odeur de foin. Puis elle s'assit tranquillement au pied d'un arbre où chantait un pinson. Il sembla à l'enfant que ce chant du pinsonnet était une voix du ciel qui lui parlait de sa mère.

En entrant dans la grande forêt, la petite Catherine fut bien étonnée aussi : une quantité incroyable de branches mortes étaient répandues au pied des arbres. En sorte qu'en moins de rien la petite Catherine en eut une charge assez ronde. L'enfant se reposa un moment dans la mousse. Les feuilles bruirent sous une brise légère. Il lui sembla que ce feuillage agité lui parlait de sa mère. Elle rêva longtemps à écouter cette voix mystérieuse.

En avisant un champ moissonné la veille, la petite Marie fut on ne peut plus réjouie : elle trouva çà et là une quantité de petites bottes de blé liées comme des bouquets. L'enfant en eut bientôt plein sa hotte. Elle se mit donc à écouter gaiement une alouette qui s'élevait au ciel en chantant et battant des ailes. Il lui sembla que cette alouette qui chantait lui parlait de sa mère. Marie était toute pleine de contentement.

Au retour, les orphelines se racontèrent leur aventure, et chacune à part soi leva les yeux au ciel, remerciant une personne invisible.

Le lendemain et les jours suivants, le même prodige venait enrichir les belles petites travailleuses.

La Fouine ne grognait plus. Seulement elle embrassa son petit Colas avec plus de tendresse qu'à l'ordinaire.

V.

Le malheureux Guilain devenait de plus en plus triste : il voyait bien que ses filles n'étaient point heureuses avec leur belle-mère. Le pauvre homme en était aux regrets de s'être remarié. Il essaya un jour de se plaindre ; mais la Fouine entra dans une telle fureur, qu'il vit bien que le plus sage encore serait de se taire. Cependant l'ombre de Marianne ne cessait de le poursuivre. Il la voyait partout depuis la rencontre au chemin creux, et son abattement fut extrême après une nouvelle aventure qui lui arriva à la fin de la moisson.

Guilain avait été obligé d'aller travailler très-loin de sa chaumière. La nuit le surprit un jour qu'il s'en revenait au logis. Il traversait la forêt au clair de la lune, rêvant à sa méchante femme et à sa bonne Marianne, quand il aperçut au travers des arbres comme une personne qui se baissait, se redressait et marchait, occupée alors à ramasser du bois mort. Guilain s'arrêta un moment et vit une pauvre femme qui s'empressait d'arranger des petits fagots, qu'elle entassait ensuite au pied d'un arbre.

— C'est l'ombre du chemin creux! murmura Guilain.

— A peine eut-il prononcé ces mots, que la pauvre femme s'enfonça lentement dans la forêt et disparut.

— Voici qui nous étonne, ajouta Guilain. Et, doublant le pas, il sortit de la forêt.

Ensuite il se mit à longer les peupliers qui bordaient un grand pré, quand il vit une pauvre femme qui, un genou en terre, faisait de l'herbe en silence, et qui, de loin en loin, la semait par tas avec un grand air de mystère.

— Jour de ma vie! s'écria Guilain confondu, c'est encore la femme du chemin creux!

Il voulut l'interroger; sa langue resta clouée à son palais; et la pauvre femme, glissant sous l'ombre des peupliers, disparut encore.

Guilain avait hâte d'arriver au chaume. La peur commençait à lui traverser l'esprit. Le cœur plein de trouble, il passait donc au bout d'un champ de blé nouvellement moissonné, quand il vit une pauvre femme qui le parcourait pliée en deux, cherchant en silence les épis qu'elle liait en forme de bouquets, et qu'elle laissait ensuite dans les sillons fauchés. La pauvre femme, sous le ciel étoilé, seule dans un champ immense, glanant gravement et marchant avec lenteur, causa une impression telle au bon Guilain, qu'il commença à sentir la sueur lui inonder la face. La pauvre glaneuse se redressa lentement, se tourna vers Guilain, avec de longs cheveux noirs tombant sur ses épaules, des yeux flamboyants dans un visage d'une blancheur de neige.

— Toujours l'ombre du chemin! murmura le vigneron, toujours! toujours! toujours!

Puis ces trois soupirs éclatèrent dans la nuit :

— Hélas! hélas! hélas!... mes enfants! mes enfants! mes enfants!...

En entrant au logis, le bon Guilain était tellement bouleversé qu'il ne voulut pas souper. Il demanda ses trois petites filles, les embrassa et leur parla de leur mère. Les petites orphelines se mirent à pleurer, et, tout en dégrafant ses guêtres, le bonhomme raconta tout haut ses étranges rencontres au bois, au pré, au champ.

— Tiens! s'écria la petite Élisabeth, c'est donc ça que je trouve dès le matin des petits fagots tout faits dans la grande forêt.

— Eh! c'est donc ça aussi, dit à son tour Catherine, que je trouve au pied des peupliers, là-bas, des beaux tas d'herbe qui embaument, dès le petit jour.

— Je devine à présent, fit la petite Marie, pourquoi je trouve, dès que le soleil se lève, des bouquets de beaux épis longs et jaunes dans le champ où je glane.

— Peut-être bien que c'est notre bonne mère qui se lève dans son cercueil et qui travaille la nuit pour ses pauvres enfants, ajouta la plus jeune des sœurs.

— *Amen!* cria la Fouine en ricanant. Guilain fit signe à ses enfants de s'aller mettre au lit, et le nom de Marianne voltigea toute la nuit sur ses lèvres tremblantes. La Fouine ronfla comme à l'ordinaire : elle avait bon sommeil, la Fouine. Cette méchante femme ne cessait de tourmenter les orphelines.

— Prends garde, la Fouine, tu malmènes des enfants qui ne sont pas les tiens ; il pourrait bien t'en arriver malheur.

La Fouine répondait à ces menaces en battant plus fort les filles de son mari. Cependant, un bruit vague, singulier, mystérieux, commença à circuler dans le pays. Guilain eut bien de la peine à taire ce qu'il avait vu. Quelques bonnes femmes même prétendirent qu'elles avaient vu rôder comme une ombre autour de la demeure de Guilain. Quelques-unes aussi disaient qu'elles avaient entendu de longs soupirs autour de la demeure du vigneron. L'aventure des petits fagots, des tas d'herbes, des épis de blé, causa une grande émotion dans le village ; si bien que tout le monde ne tarda pas à être d'accord que tout ceci était l'œuvre d'une *âme en peine*. Un bonne grosse mère n'hésita nullement à affirmer que c'était l'âme de la bonne Marianne qui se réveillait toutes les nuits aux appels de ses malheureuses petites filles... Bonne Marianne, elle les aimait tant !

VI.

Enfin, un jour d'hiver, tout était encore plongé dans les ténèbres, tout dormait. La Fouine, éveillée dans le milieu de la nuit, se lève furieuse et court à la chambre des orphelines. Les petites filles étaient plongées dans un profond sommeil. La méchante femme alors commence à crier, à faire grand bruit, les traitant de paresseuses, comme elle avait l'habitude de dire.

— Allons! allons! en bas du lit! et tôt! voici le jour.

— Pas encore, mère, répondit l'aînée.

— Levez-vous sur l'heure! s'écria la Fouine. Si le jour n'est pas venu, il viendra.

— Mère, il fait bien froid! répondit la petite Marie : laissez-nous encore un petit moment au lit.

— Levez-vous! ou je prends une gaule! hurla la méchante femme.

Les enfants se levèrent en pleurant et grelottant. C'est alors qu'une longue plainte se fit entendre du dehors à travers les fentes du volet.

— Ça! vous dépêchez-vous! hurlait la Fouine à ces pauvres petites qui, moitié éveillées, ne trouvaient pas leur cotillon, bien qu'elles l'eussent sous la main.

— Oui, maman, répondirent-elles tout en larmes.

Des gémissements prolongés et réitérés vinrent se mêler encore aux vents des nuits. Ils furent tels, que le bon Guilain s'éveilla et se jeta tout inquiet hors de la couche.

La méchante femme criait, jurait, tempêtait; et comme les enfants n'allaient point assez vite à son gré, elle s'arma de la gaule. Les enfants, effrayées, poussèrent des cris, s'enfuirent demi-nues hors du logis, et se précipitèrent dans la rue comme si le feu était à la maison.

— Qu'est-ce encore? demanda Guilain.

— Ce sont vos chiennes de filles, brâillait la Fouine en les poursuivant à coups de gaule.

Tout à coup une femme au visage lumineux surgit de l'ombre, que sa seule présence éclairait, en s'écriant avec douceur :

— Viens, Catherine; viens, Élisabeth; viens, Marie; dans mes bras, chères enfants!

Les petites orphelines se jetèrent tout en larmes dans les bras de celle qui leur disait : Mes filles.

La Fouine approchait, la gaule levée, pour les frapper; mais à la vue des enfants dans les bras d'une femme pâle, triste et en larmes, elle poussa un cri horrible :

— Marianne! Marianne! grâce!

Et elle tomba morte.

Les orphelines, se précipitant aux pieds de celle qui venait de les délivrer, s'écriaient :

— Merci, mère!

Celle qu'elles nommaient ainsi leur adressa un tendre sourire et remonta au ciel en les couvrant de sa bénédiction.

Cette femme, qui apparnt aux orphelines sous les traits de Marianne, n'était autre que la vierge Marie, mère des petits enfants. Et les orphelines avaient raison quand elles affirmaient qu'elles avaient revu leur mère.

FIN.

TABLE DES MATIÈRES

	Pages
A ma Mère..	1
Le petit doigt terrible.	3
L'Homme vert.	15
Le lutin Flammèche.	21
Le Chien La Tache.	29
L'Homme qui perd la mémoire..	47
La Fée aux blés.	63
Ver-Luisant..	81
L'Homme des Saules..	95
Les Sous du Diable.	113
Les Ondines.	127
Le Roi des Mines.	143
Le Bonhomme Goutte-d'Or.	161
Fleur-des-Neiges.	184
Les deux Chemins..	199
La Marionnette.	215
Grillonnus.	233
La Fée aux Roses.	247
Nousisikouf..	265
Bouton d'Or.	281
La Mère aux enfants.	299

FIN DE LA TABLE

Coulommiers. — Imprimerie de A. MOUSSIN.

www.ingramcontent.com/pod-product-compliance
Lightning Source LLC
Chambersburg PA
CBHW060650170426
43199CB00012B/1736